做一名合格的高中生家长

赵　薇◎编著

清華大學出版社

北　京

内 容 简 介

本书主要介绍孩子在高中阶段会遇到哪些难题及家长该如何引导，应该注意什么，等等。一个一个的高中小故事贯穿全书，从每件小事中折射出来的教育智慧使读者动容，引发思考。父母的期望有多高，孩子便有多累。所谓成功，不仅仅是金榜题名，更重要的是孩子能爱父母、爱世界、爱自己，并且谦虚、自信，有能力做自己想做的事情，成为自己想成为的人。

图书在版编目(CIP)数据

做一名合格的高中生家长 / 赵薇编著. —北京 ：清华大学出版社，2016(2025.4重印)
ISBN 978-7-302-42349-2

Ⅰ. ①做… Ⅱ. ①赵… Ⅲ. ①高中生—家庭教育 Ⅳ. ①G78

中国版本图书馆 CIP 数据核字(2015)第 296271 号

责任编辑：张立红
封面设计：杨 丹
版式设计：方加青
责任校对：杨静琳
责任印制：刘 菲

出版发行：清华大学出版社
网 址：https://www.tup.com.cn, https://www.wqxuetang.com
地 址：北京清华大学学研大厦 A 座 邮 编：100084
社 总 机：010-83470000 邮 购：010-62786544
投稿与读者服务：010-62776969，c-service@tup.tsinghua.edu.cn
质 量 反 馈：010-62772015，zhiliang@tup.tsinghua.edu.cn
印 装 者：三河市君旺印务有限公司
经 销：全国新华书店
开 本：170mm×240mm 印 张：14.25 字 数：219 千字
版 次：2016 年 1 月第 1 版 印 次：2025 年 4 月第13次印刷
定 价：35.00 元

产品编号：066928-01

前言

每一个家长都有一个望子成龙、望女成凤的梦想，为了实现这个梦想，家长们把他们大部分的精力和爱都给予孩子，甚至有的家长放下工作，一心一意地陪读。可现实中的孩子们都能如家长所愿吗？

在高中阶段，家庭教育既是学校教育的基础，又是学校教育的补充和延伸。高中三年，对孩子是一种磨炼，对家长也是一个考验。这个阶段的孩子总是问题频出，这个阶段的亲子矛盾也总是不断升级。家长往往只看到孩子厌倦学习、叛逆冲动、沉迷网络，却看不到孩子面对自身成长和学习环境双重压力的无助；只会数落孩子的种种“不是”，却无法体会孩子既想改变自我，又无法摆脱家长一贯评价的深深纠结；只抱怨自己每天对孩子学习情况的关怀换来了孩子的反感，却不知道自己的“唠叨”让本已疲惫不堪的孩子雪上加霜。

翻开本书，认真阅读内容，看看有智慧的家长是如何为孩子“松绑”、帮孩子“透气”、陪孩子顺利度过高中三年的。阅读完此书不一定能让孩子考上重点大学，但一定能让孩子的综合水平更上一层楼。

如果把“家长”看作一种职业，那么一旦从事了这个职业，就不能辞职。没有领导却最不自由，看似没有规则但工序复杂，同时还充满了不确定性。所以，要想做一个合格的家长，想培养出优秀的孩子，就需要家长不断地学习，不断地发现，不断地提高自己。

每个家庭和孩子都各不相同，没有一种具体的方法可以适合所有的家庭和孩子。经由他人的故事，悟到适合自己家庭和孩子的教育路径，才是我们阅读这本书的最大意义。

高中生阅读此书，可以在认识自我的同时还能深深地体会到父母的辛苦；家长阅读此书，可以了解高中生，学习如何跟孩子交流；刚步入教师行列的老师阅读此书，对今后的教学会有很大的帮助。

本书从道德篇、心理篇、交往篇、生活篇、学习篇和备考篇六大方面，以一个个贴近生活的小案例贯穿全书，读起来不仅轻松，还能产生共鸣，家长也可以真切地了解到现在的高中生。本书不仅可以与孩子的学习一路相伴，还可以让家长边学边做，并与孩子一同成长，感受着陪孩子走过高中三年的艰辛与快乐。

本书适合的读者有：

- 家中有高中生的家长
- 高中生
- 刚步入教师行列的老师以及高中阶段的家教老师
- 在教育机构工作的教职工

参与本书编写的还有冯桂红、苏娟、程斌、胡亚丽、焦帅伟、李凯、刘筱月、马新原、能永霞、商梦丽、王宁、王雅琼、徐属娜、于健、周洋、张昆、陈冠军、范陈琼、郭现杰、罗高见、何琼、晁楠、雷凤，在此一并表示感谢！

目录

交往篇 **1**

用心聆听是交往的纽带

如何"填平"两代人之间的代沟 2
跟孩子一起愉快地"玩耍" 5
给孩子一个台阶下很重要 8
孩子要过的几个"坎" 12
一生的挚友，一生的兄弟 15
比比看，谁的人缘最好 18
做个受欢迎的人 21
从老师那里了解孩子 24
如何正确处理早恋问题 27
偶像，也可以是启明星 30
对待孩子式的"义气" 33

生活篇 **37**

领悟爱的真谛，学会感恩

给予孩子正确的引导 38
加强锻炼，身体是"本钱" 40
养成良好的饮食习惯 43
培养孩子的自制力 47
张开翅膀，让他独自飞翔 50
生活有苦有甜 52

内在动力来源于家庭 55
小心，危险无处不在 58
旅行在路上，我们看到的不只是风景 61

学习篇 65
同孩子一起学习，为孩子做出榜样

读万卷书，行万里路 66
兴趣是学习最好的老师 68
知识面的拓展源自阅读 72
如何纠正孩子偏科 75
战胜学习上的挫折 80
开完家长会之后 83
不能盲目购买教辅书 87
合理利用时间，提高学习效率 90
拟定学习计划 93
不要只盯着分数 96
做好考试总结 99
孩子与家教老师 102
选择题：书籍与电视 105
网络利用好，便是学习的工具 108
学习不是为了应付老师和家长 111

备考篇 115
拥抱高考，畅想未来

陪读，施压还是释压 116
模考多努力，高考少惆怅 118
劳逸结合有助于轻松备战 121
锻炼出好的考试心态 124
让孩子做好最后冲刺 127

冷静对待自主招生 131
做好孩子的“后勤保障” 133
如何面对高考失利 136
专业与学校哪个更重要 138
选择专业的小窍门 142
复读需要慎重考虑 146
留学是不是咱的“菜” 149

道德篇 153
好的品质是成长的基石

人生观是最重要的基石 154
正确认识自我 157
把握好“金钱观”的度 160
要懂得相互尊重 164
做个讲文明、懂礼貌的孩子 167
解决问题要靠脑，不是靠拳头 170
送给孩子的最好礼物——善良 172
放开双手让孩子学会承担责任 175
一起构建理解的桥梁 178
孩子是“优”还是“劣” 181

心理篇 185
健康的心态能创造奇迹

高中生在想什么 186
多一些赞美，多一些惊喜 188
给孩子留一份独立的空间 191
用积极的心态笑对挫折 193
虚荣与攀比 197
携手并进，直面“叛逆” 200

拥抱的力量很伟大 202
摒弃盲目跟风，展现自我个性 205
心浮气躁，如何沉淀 208
让孩子拒绝自卑 211
相信孩子，他能行 214

交往篇

用心聆听是交往的纽带

交往是一门艺术，正是因为人与人的交往，心与心的沟通，才使得生活如此丰富多彩。交往以道德为基础，以友谊为桥梁，以理解为支撑，以沟通为链接。交往不是滥交，而是有选择性的交往，才能交到真正的朋友。交往需要用理智战胜情感，需要一份宽容，一份理解。

无论是孩子与家长的交往，孩子与同学或朋友的交往，还是孩子与老师的交往，都需要有一颗阳光坦诚的心。交往是培养和增进感情的起点。

如何"填平"两代人之间的代沟

孩子和父母生活的年代不同，思想观念和待人处事的方法也必然有所不同。如果双方都各执己见就会产生矛盾，而相互言语的对峙则会使这种矛盾加深，吵架也就在所难免。

孩子在成长的过程中，逐渐有了自己的见解和思想观念，而这些思想观念、行为习惯往往与父母的思想观念、待人处事的方法大相径庭。年轻气盛的孩子往往会认为父母思想陈旧，跟不上时代的步伐。如果两代人之间缺乏良好的沟通，就会产生隔阂，即所谓的代沟。当父母的严格管教与儿女的叛逆心理发生碰撞时，争吵也就不可避免了。

致父母的话

两代人之间的观点、思想和理论必然存在差别，这也就形成了代沟。然而，通过多接触、多沟通可以让两代人彼此更加了解。在孩子对一些问题有处理不当之处时，请父母能耐心地给予指教；在孩子有不同意见时，也不要实行家长专制，要允许孩子充分发表意见。如果两代人之间可以做到尊老爱幼，遇事共同切磋，互相包容，互相谅解，就可以有效地消除隔阂、融洽相处了，代沟便会逐渐浅化，甚至被完全"填平"。

生活小案例

上了高中后，吴风和妈妈之间渐渐出现了一些不和谐的音符。和别人说起吴风，妈妈就有一肚子的闷气：什么吴风的消费观念不对啦，玩得疯疯癫癫啦……最看不惯的是他每天坐在电脑前，不是玩游戏就是聊天，一点上进心都没有。

然而，吴风对妈妈也有诸多不满：妈妈天天在我耳边唠叨，还讨厌我听流行歌曲；这都什么年代了，她竟然还那么古板、落伍；说到游戏，同学们都在玩，在学校里学习一天了，回家还不能玩个游戏吗？妈妈管得也太宽了。

渐渐地，吴风母子间的距离越来越远。两人几乎没有了共同语言，每次谈话，说不了两句，就弥漫起火药味。

有一次，妈妈用自己儿时的经历来教育吴风要节俭时，吴风竟然冲着妈妈吼道："你别提那些老掉牙的事了行不行？都什么年代了，还说那些没用的事……"儿子的一句话，让妈妈愣在了原地。她真的不明白，孩子怎么会变成这样？

应对策略

和孩子之间沟通困难，想必大多数家长都遇到过这样的问题。特别是孩子上了高中后，变得非常自以为是，开始嫌弃家长顽固、啰嗦、落伍。那么，孩子和家长之间到底出了什么问题呢？其实，对于这种现象，心理学家早已开展过研究，称之为"世代隔阂"，也就是我们通常所说的代沟。两代人之间，因为环境、经历和所处时代的不同，世界观和人生观存在相对的出入，对同一个问题的看法有较大差异，进而影响了两代人之间的感情沟通。

相信所有的家长都想消除自己与孩子之间的代沟，然而要消除代沟，需要两代人共同的努力，共同争取减少两代之间的观念差异，缩小代沟，以便于两代之间的沟通。那么，家长应该往哪个方向努力呢？

1. 学会与时俱进，寻找与孩子沟通的共同语言

代沟存在的原因有很多，但其中最鲜明的一点是：孩子感觉家长跟不上时代，认为家长的行为方式和穿着打扮都比较落后。举例来说，年轻人都喜欢时尚前卫的打扮，喜欢烫发、染发，喜欢穿新奇的衣服等。这些在家长看来，都属于不伦不类之列。然而，装扮前卫正是孩子在这一阶段的生活方式，而家长还停留在过去传统、守旧的思想中，这样，两者之间必然会产生摩擦，代沟也是无可避免的。

消除这一情况的方法只有一种，就是家长在观念上与时俱进，即使自己不这么做，也要去理解孩子的想法。想想我们年轻的时候，不是也做过很多父母不能理解的事情吗？家长应当学会接触新事物，就算不能接纳，至少也要达到理解的地步。

关于与时俱进这一方面，张伟的爸爸深有感触："以前，面对和儿子的代沟，我也无可奈何。不停地想办法与他沟通，两人的关系却没有取得一丝的进展。到最后，无论我说什么，他都嫌我陈腐，甚至不愿意再和我说话。

"后来，我经过深深地反省，发现其实孩子产生这种想法是有原因的。比如，孩子不想吃剩下的饭菜，我们认为这是浪费，但孩子考虑的却是卫生与健康；孩子上网玩游戏、聊天，我们认为是不务正业，但孩子认为这也是一种娱乐与休息……

"为了能让自己跟上时代，我开始主动向孩子请教，让他教我上网。之后，我也玩起了网上博客，并写了一篇名为《我眼中的聊天室》的博文，写了一些关于聊天室的正面作用。儿子把我的博文发给同学看，他们都羡慕儿子有一个通情达理的爸爸。而我们父子间的关系也急剧升温，成了无话不谈的好朋友。"

可以看到，如果家长能像张伟的爸爸一样，试着去了解、研究孩子感兴趣的事物，学习一些新知识，必然能找到两代人之间的共同点，经过真情的沟通，代沟也将不复存在。

2. 平心交流，增加与孩子共处的机会

代沟的形成除了家长的观念落伍这一因素，还有一点就是家长与孩子相处的时间越来越短，交流也越来越少。有的家长除了一起吃晚饭，几乎和孩子没有别的接触。这些家长说，平时工作很忙，回家后还有很多家务。而孩子每天都要学习，没时间在一起说话……两代人几乎没有相处的时间，又怎么能做到相互了解呢？久而久之，代沟也就形成了。

也许有的家长说，不是我们不想和孩子在一起，而是孩子稍微长大一点后，根本不愿意和我们在一起，常常会刻意躲着家长。遇到这种情况，家长可以用"平行交谈"的方法来改善亲子关系。

平行交谈是指家长在与孩子一起做普通家务的同时，进行轻松平等的沟通。而且要记得，沟通只是一个辅助话题，在谈话时，家长要尽量把注意力都放在做家务上。显然，让上高中的孩子坐下来与父母认真地进行交谈，孩子一定会觉得非常不适。而这种平行交谈的方法，则可以消除这一弊端，让家长和孩子在谈话的过程中都能感到轻松自在。

张珂今年考上了清华大学，说到家里父母的教育，她常常回忆起上高中时，自己和妈妈一起度过的时光。

“上了高中以后，同学们都说与父母有了隔阂。除了在饭桌上偶尔能说上几句话，他们几乎和家里人再也没有共同语言了。但我家里却不一样，我上高中的三年，还是常常和妈妈在一起做事，一起逛书店，一起上街买衣服，一起做头发等。

“去理发时，妈妈常问我她烫哪种头发最好看。我们在理发店里，一边做头发，一边和理发的阿姨聊天，聊的范围很广，有社会上发生的事，最火的明星，学校里流行的小说……虽然都已经过去好几年了，但现在想起来还是非常怀念那段时光。”

张珂的妈妈所用的方法就是平行交谈。与年轻的子女说话，平行交谈往往能收到最好的效果，这种方法非常值得借鉴。

两代人之间的代沟并不是洪水猛兽，作为家长，要消除与孩子的心理隔阂，就应和孩子多接触，勤沟通，用恰当的方法消除亲子间的隔阂，填平阻碍亲子交流的代沟。

跟孩子一起愉快地“玩耍”

要与孩子相处得融洽，首先要能跟孩子一起愉快地“玩耍”，这需要家长抛开年龄差距，抛开家长身份，能用孩子喜欢的“网络词汇”相互交流，与孩子成为“同龄”的朋友，这种感觉，孩子不会不喜欢的。孩子要是有这么一个“童心未泯”的老爸或老妈，会很自豪。

致父母的话

父母与孩子交往，朋友的身份远比家长的身份更有效。而想和孩子交朋友，就必须要学会相互体谅、彼此理解、彼此“懂”对方。

生活小案例

赵彤的爸爸在一家公司里做经理，管理着几十人。平时工作很劳累，回家后，他免不了会带一点工作情绪，或是显得很烦躁，或是对家里人颐指气使。

这不，回家看到妻子坐在沙发上看电视，他就有点不高兴了："怎么还不做饭？一会儿小彤回来饿了怎么办？""每次我提前做饭，你和小彤都有诸多意见，还是等你们都回来，问清楚后再做吧！"妻子一脸无奈地说。

这时，赵彤回来了。她把书包往桌子上一扔，看到家里没做饭，生气地说："妈，你怎么还没有做饭？我都快饿死了。"然后，她进了自己的房间，把门狠狠地摔上。

"这孩子怎么回事？最近脾气越来越坏了。这可不行，我要进去好好教育教育她。"爸爸站起身来，准备去教训女儿，却被妻子一把拽住。"孩子到了这个年龄，情绪都有些不稳定，有点小脾气也是正常的。再说，你刚回家时不也是这样吗？要多理解小彤才行……"赵彤的爸爸觉得妻子说的有理，气也就消了。

应对策略

在孩子小时候，家长与孩子是一种主从关系，家长发号施令，孩子乖乖听从。然而，等孩子上了高中，家长就要转变自己的观点，和孩子的关系要从以前的"主从式"变为"朋友式"。如果家长还是一味地维持自己的权威，居高临下地教育孩子，只会导致家长和孩子的矛盾加剧，让孩子的逆反心理高涨。家长要和孩子交朋友，必须要做到彼此理解。

1. 认真倾听孩子的心声

家长是孩子的第一任老师，也是与孩子接触时间最长、最亲近的人。孩子在成长的过程中最需要与家长交流，也最需要家长的理解与支持。特别是进入高中后，孩子的自主意识增强，希望脱离家长的束缚，而此时如果家长不能改变自己的心态，不去倾听孩子的心声，不去理解孩子的行为，那么亲子关系便会迅速恶化。

常有家长抱怨："这孩子稍微长大一点，就不再听家里人的话了。"其实，家长也应该反问一下自己："我有没有听过孩子的话？"作为大人，往往认为小孩子的想法是幼稚的，于是在听孩子说话的时候，家长都有一种先入为主的看法，根本不留意孩子说什么。与孩子沟通，家长要摒弃这种成见。对于高中的孩子，你越体谅他们，他们就会越听你的话。

倾听孩子说话，家长要注意运用"看"和"听"的艺术。当孩子诉说心声时，家长要仔细观察孩子的面部表情、手势等肢体动作。同时，要留意孩子说话的语调，并在合适的当口用简短的话给孩子反馈，这表明你在认真思考孩子的话。如果孩子说的不对，家长也不要给予批评和反驳，首先要对孩子的看法表示理解和接纳，与孩子达成共识后再运用案例让孩子自我反省，找到正确的答案。

因此，从现在起，每天抽出几分钟或十几分钟的时间来做孩子的听众，忧其所忧，乐其所乐。当孩子对家长产生足够的信任感时，才可能会对家长说出自己的心里话。

2. 向孩子吐露心声

沟通是相互的，要引导孩子对家长说出他们的心事，首先家长要学会和孩子交心。孩子拒绝和家长交流，很大一部分原因在于家长不懂得与孩子交心。家长从来不告诉孩子自己内心的感受，那么在孩子心中，家长就是家长，是像老师一样管教自己的人。想要孩子畅所欲言，家长一定要对孩子打开心扉，让孩子知道你的心事，这样孩子才会对你说出他们的心事。

当然，有些父母也常常对孩子谈起自己生活和工作的艰辛，但说话的语气太有"架子"了："你这个不争气的孩子，我每天在外工作都快累死了，你知道吗？"这不是沟通，而是责备，这种带有负面情绪的"交流"，只会让孩子更加叛逆。

家长向孩子吐露心声时，一定要先调整好自己的心态，哪怕是说一些生活或工作中的烦恼，也要尽量少夹带情绪，但可以对这些烦恼表现出一种无奈的神情。当孩子看到家长为工作和生活发愁时，往往会激发他们内心的奋斗精神，试着为家长解忧，这样自然也会大大拉近孩子和家长的心灵距离。

3. 用理解来激发孩子的上进心

高中生的身上往往存在着一些劣迹：调皮、不爱学习、逃课、打架、撒谎等。但无论孩子表现得怎样顽劣，他们内心都有一股上进心，希望被老师和家长认可。因此，对于孩子的种种劣迹，批评远远比不上理解对孩子重要，理解才能激发出孩子的上进心。

杨坚曾是二中校园里典型的“坏孩子”，上课时调皮捣蛋不说，他还经常骚扰班里学习好的同学，时不时地拿东西逗同学一下，或是在同学旁边大吵大嚷。对杨坚的这种行为，老师没有惩罚他，而是理性地把他叫到办公室里谈心。

谈了一会儿后，老师发现，原来杨坚羡慕那些学习好的同学，可自己的成绩却又一直上不去，只有通过打扰同学们学习，来消除内心的失落感。

知道这种情况后，老师对杨坚说：“原来你是想要学习好呀！其实想学习好并不难，老师可以帮助你。”老师和蔼的态度让杨坚有点感动又有点疑惑。

“我知道你对英语很感兴趣，只要你再用点功，你的英语成绩绝对不会比那些学习好的同学差。之后，再冲击数学、语文……慢慢地突破，你的成绩很快就会赶上来。”之后，在老师的帮助下，杨坚不仅改掉了坏毛病，而且进入了“好学生”的行列。

孩子在学习或生活上遇到自己无法解决的困难时，往往不知道如何向别人寻求帮助，于是便以一种错误的形式发泄出来。这时，家长要多多理解孩子的处境，并伸出援助之手，激发孩子的上进心。孩子的生活与学习顺利了，和家长的关系自然就和睦了。

给孩子一个台阶下很重要

谁的青春期没有秘密，谁的青春期不曾犯错，谁的青春期不在乎脸面？所以，当家长发现孩子的错误时，不要破口大骂，不要伸手便打。给孩子一个台阶，与孩子进行沟通，帮助他解决面临的问题，何尝不是好的方法呢？

致父母的话

高中阶段的孩子自尊心早已萌生，他有他的自尊心，他有他的梦想，他有他的秘密。即使他是错误的，家长不要轻易地去触碰孩子小小的自尊心，给孩子一个台阶下。家长只有给予正确引导的权利，没有干涉的权利。

生活小案例

有一天，妈妈下班的时间比往常早了一些，当她回到家的时候，却发现儿子在翻箱倒柜地找东西，而且，看他翻找的模样，似乎是想找出一些钱来。“儿子在偷钱？”妈妈的心中闪过一个念头。不过她没有惊动儿子，而是悄悄退了出去，站在门外等了一会才加重脚步走进楼道，同时敲了敲门。

过了好长一会，儿子才将房门打开，妈妈走进屋里后，发现儿子已经将所有动过的东西都恢复了原样。妈妈没有大动干戈，而是像往常一样，洗漱之后，开始做晚饭。这段时间里，儿子悄悄地躲在房间里，不知道在做些什么。

晚饭过后，爸爸外出找朋友去了。妈妈将想要躲回房间的儿子喊了过来，她像平日里跟儿子沟通一样，轻声问道：“儿子，最近有没有什么特别需要的东西呢？”

儿子低着头轻声说：“我在上学的路上看中了一辆山地自行车，这段时间店家打折促销，眼看促销的日期就过了，可是我还差200元。”

听完儿子的话，妈妈心中有数了。她笑着对儿子说：“既然这样的话，你不妨帮助妈妈做一份工作吧，就当你上学期间的兼职好了。”

儿子疑惑地看着妈妈：“您的工作，我做得了么？”

“你可以的，我知道，你打字的速度很快，我这份工作就需要你这样的打字员。这样吧，每天你把作业做完之后，帮我两个小时好了。这样，在那辆山地自行车促销结束之前，你肯定能够挣够200元的。”妈妈说道。

“真的？那我做了！”儿子的脸上也露出了微笑。

一周之后，儿子成功买下了自己渴望已久的山地自行车，妈妈看着儿子开心的笑脸，也十分满意。就这样，儿子“偷钱”的事情就在爸爸毫不知情的情况下被妈妈圆满解决了。而且，从那以后，儿子再也没有出现过“偷钱”的行为，每当他需要用钱的时候，都会走到妈妈身旁，申请做“兼职”来挣钱，而妈妈也从来没有让儿子失望过。

在妈妈这样的教导下，儿子不仅很少犯错误，而且，每当孩子遇到了难以解决的事情时，他都会与妈妈商量，让妈妈帮助自己拿主意，一家人之间也从来没有出现过剑拔弩张的现象，让爸爸的许多朋友都羡慕、称赞不已。

应对策略

在那青春年少、个性张扬的日子里，谁没有犯过或大或小的错误？但是，对家长和老师而言，当孩子犯错的时候，才是教育孩子的最好时机。

试想，如果案例中的孩子在需要用钱的时候，都会面临两个选择：其一，在家里翻箱倒柜偷钱；其二，帮助妈妈做工作，自己挣钱。他会选择哪一个呢？结果是毫无疑问的。而案例中的妈妈在发现儿子犯错之后的做法就非常正确，她不仅给了儿子一个保全脸面的机会，而且给儿子提供了正当获取金钱的机会。

这位妈妈的做法，不仅妥善处理了儿子这一次所犯的错误，而且还防患于未然，给未来缺钱的儿子提供了一条道路：以工获酬。最重要的是，在处理这样让孩子提心吊胆的事情时，妈妈给了儿子一个台阶，也给了自己一个机会，一个让儿子将自己当作“自己人”的机会。

对于大多数处于青春期的高中生来说，在他们的心中，很多时候会将周围的人群分为两类：一类是自己人，一类是其他人。而孩子们分类时的标准并不是年龄，而是自己心中的一种感觉。

或许对其他人来说，孩子的这种分类并不会带来什么不同，但是对于家长来说，如果不能成为孩子心中的“自己人”，那可是一件异常糟糕的事情。

首先，如果不是“自己人”，孩子就会在家长面前有所保留，不会敞开心扉地同家长交谈。而家长要了解孩子，就只能旁敲侧击地查探，或者是通过老师，或者是通过孩子身旁的朋友等，而且，最终也只能得到一些片面的消息。

其次，如果不是“自己人”，那么当家长给孩子提出一些建议的时候，孩子很少会去执行，甚至有可能反其道而行之。青春期的孩子都会有一些叛逆的心理，如果是“自己人”说的话，那么他们还有可能听进去，而“其他人”说的话，则很少会发挥正面作用。

曾经有一位语文老师，在一堂作文课上要求学生们写一篇关于父母的作文。当作文交上来之后老师发现，其中竟然有一半都是在控诉父母。这些学生写道，在家里的时候，父母的要求简直就是“鸡蛋里挑骨头”，哪里有人能够做到那么完美，所以，对父母的话，他们大多也就是左耳进右耳出，很少会遵从。

不过，也有一些学生的作文表达出了不一样的观点。他们说，在人生这条漫长的道路上，难免会有很多挫折，会出现很多假象，是父母的指导才让他们能够在曲折的青春路上走出一村“柳暗花明”来。

当时，这位老师就觉得有些意外，毕竟虽然高中生已经不像初中生那样处于心理逆反期，但是对孩子们来说，他们也很少会对家长的话如奉纶音了。好在，不久之后的一场家长会解开了老师心中的这个谜团。

在那场家长会上，老师和家长们聊了很多，当他说起那次的作文题时，很多家长都露出一副若有所思的神情，也有一些家长同众人分享了自己的经验。虽然话语有所不同，但是老师还是明白了那些家长要表达的大致意思。

随着孩子的成长，他们的知识也在不断丰富，所以，这个时候，如果家长固步自封，用自以为是的态度去教训孩子，让孩子像军人一般服从命令，很明显是根本行不通的。所以，这个时候的父母更应该去学习，学习如何与孩子进行沟通，如何预防孩子犯错，在孩子犯错之后又当如何去做。

就像我们常说的“学习是高中生的本分”一样，在错误中教导孩子，让孩子成为一名优秀的栋梁之才，也是每一位家长应尽的义务！

孩子要过的几个“坎”

高中阶段，孩子的身体发育得非常快，但心智却没有明显的增长，有时还会闹孩子脾气。很多大人看来不起眼的小事，都会严重影响到孩子的学习情绪。其中，有三个对孩子影响很大却又常常被家长忽视的“坎”：换老师、转学和与同学闹矛盾。

致父母的话

孩子在学校里有几个难过的“坎”，其中最主要的三个是换老师、转学和与同学产生纠纷。这三点看似事小，但如果家长不能及时给孩子提供帮助，这三个“坎”很有可能给孩子留下巨大的心理阴影。

生活小案例

案例1：

早上，爸爸带着王蒙去学校，王蒙的班主任看见了不解地问：“我记得王蒙都是一个人来学校，今天是怎么了？您还送他来。”王蒙的爸爸无奈地说：“哎，小蒙上了高中后，本来一直是他自己来学校。可是，最近不知道他是怎么回事，在家里看上去很高兴，一提起上学就阴下脸来。以前从来没有这样过啊！今天他说自己不想上学了，这不，我只能送他来了。”

等王蒙的爸爸走后，班主任把王蒙叫到办公室问了半天，王蒙终于说了实话。原来，他很喜欢之前班里的数学老师，最近，数学老师调任了，学校又从别处调来了新的数学老师。王蒙和新老师相处不洽，便产生了抵触心理，不想来学校。

案例2：

张老师是高中二年级的一名班主任，每天上早自习前他都会去教室里清点一下人数。

周一，他来到教室里查人数，有一个叫刘天的孩子没有来。刘天刚从别的学校转学过来，张老师心想可能是家里有些事情耽搁了。可等到上课时，刘天的座位还是空荡荡的。直到早上的课结束，依然不见刘天的影子。

张老师心里有些不安，便给刘天的妈妈打电话询问。没想到，刘天的妈妈说，孩子早就带着书包出门了。刘天没去学校，老师和家长都着急了，到处寻找，终于在社区的公园里，看到正坐在长椅上发呆的孩子。后来，刘天解释说，转学到新学校，自己一个人都不认识，心里觉得既孤单又害怕，所以就没有去学校。

案例3：

早上到了上学的时间，李怡的房间里还没有动静，妈妈做好早饭，喊了李怡几声也没有回应。“这孩子不会生病了吧？”妈妈边想边走到李怡的门口，敲了敲门，还是没有回应。轻轻地推开门，妈妈发现李怡穿戴整齐地躺在床上，看着精神还挺好的。

“宝贝，快要迟到了，你还不走吗？”妈妈轻声问道。“妈，我不想去学校了。”“嗯？为了什么啊？”“昨天我和同桌吵架了，我一点儿也不想再看见他……”

应对策略

换老师、转学和与同学闹矛盾这三点对孩子的心理造成的影响是巨大的。孩子碰上任意一点都可能会产生厌学心理，甚至连学校也不想去。当孩子遇到这几个“坎”的时候，家长要及时发觉，然后给予孩子帮助和鼓励，让孩子顺利地度过这些“坎”。

1. 鼓励孩子多与新老师沟通，建立新的师生关系

班里换了新老师，学生自然会有些不适应。就像我们换了新领导一样，需要一定的时间去调整。而孩子因为不够成熟，换了新老师后，他们更多的是产生抵触心理。

对于这一点，我们要理解孩子的感受。可同时家长也要告诉孩子，换老师后有失落感是正常的，但一定要学会重新振作起来，建立好新的师生关系。为此，家长应该鼓励孩子多与新老师沟通，增进彼此间的了解。

周五下午，张昭回家后，坐在沙发上，一副闷闷不乐的表情。爸爸看见了，走过去问道："怎么啦？谁惹你不高兴了？"张昭抬头看了看爸爸，叹了口气说："哎，你不知道，我们的语文老师可好了，但今天下午是他给我们上的最后一节课，之后会换个新老师来。同学们都很不舍，换个新老师来一定不如他。"

"哦，原来是这么回事啊。你见过新老师了吗？"爸爸问。"这……还没有，反正不如我们现在的老师，同学们都这么想。"张昭咬定牙关说。爸爸笑着说："这样吧儿子，等你新老师来了，你多和他说说话，过段时间我们再说这件事。"

两周之后，爸爸又问张昭："怎么样，你还排斥你们的新语文老师吗？"张昭一脸高兴地说："其实新老师也很好，和以前的老师一样，爱说爱笑，我们都挺喜欢他的。"

由此可以看出，孩子抵触新老师，并不是由于对新老师不满，而是出于对原来老师的一种"恋旧"。因为孩子长时间地和原来的老师接触，相互之间有了一定的感情，彼此也适应了教与学的方法，突然分开自然会恋恋不舍。这种眷恋，便是孩子抵触新老师的根源。

但只要孩子多与新老师沟通，便会拉近他们之间的距离。而且，随着孩子对新老师的了解，逐渐适应新老师的教学方法，便会产生一种认知：原来新老师也挺好的。时间久了，孩子的"恋旧"心理淡化，对新老师感情加深，就会喜欢上新老师，也会提起对学习的兴趣。

2. 让孩子多与新同学交朋友，消除转学的陌生感

孩子转学后来到一个陌生的环境，自然会产生一种寂寞和失落的感觉。为了让孩子快速适应新环境，家长就要鼓励孩子主动与新同学交朋友。让孩子在课间参与到同学们的活动中，一起聊感兴趣的话题，一起讨论问题，一起做游戏，周末还可以请同学到家里来玩。这样，孩子很快就可以和新同学熟悉了。

其实，孩子转学后，最缺乏的就是集体归属感，总觉得自己进入新学校，和大家比起来是个另类。然而，只要被同学们接纳，这种集体归属感就能够得到满足，让孩子对新学校产生感情，厌学的问题也就迎刃而解了。

3. 教导孩子，与同学相处要学会大度与承担

孩子在学校里与同学发生矛盾，回家后“诉苦”，然后不想去学校，该怎么办呢？首先，家长尽量不要直接介入，以免激化孩子和同学间的矛盾。这种情况下，家长要扮演一个好朋友的角色，劝说孩子要学会大度，主动承担责任。即使孩子被欺负了，家长也要先了解事情的始末，弄清楚原因后再想解决办法。

如果问题还是不能解决，家长就需要与对方的父母或是老师沟通，但一切都不要当着自己的孩子或是对方孩子的面。家长们通过交流，让犯错的一方主动认错，另一方大度接受，进而恢复孩子之间的关系。

除了换老师、转学和与同学产生矛盾外，孩子也可能遇到其他的“坎”。但只要家长做到仔细观察、冷静对待，帮助孩子度过高中遇到的几道“坎”，孩子一定会成长得更加健康。

一生的挚友，一生的兄弟

朋友是可以一起打着伞在雨中漫步，一起骑了车在路上飞驰；朋友是可以一起沉溺于美术馆和博物馆，一起徘徊于书店和书廊；朋友是有悲伤一起哭，有欢乐一起笑，有好书一起读，有好歌一起听。朋友之间的感情就好比一条简单的线，无论你在什么地方，发生什么事情，它都会把你从沼泽里拉出来，它也是一条牵引你走向未来的线。这线，是坚固的，除非是你亲自剪断它，别人的剪刀是剪不断的。

高中时代的朋友相对来说比较纯真，不仅朝夕相处，而且志同道合。

致父母的话

就孩子的一生而言，高中时期结交的朋友往往更为难忘。在孩子即将进入高中，成为一名即将迎战高考的“战士”时，家长应当引导孩子，帮助孩子结交到一生的挚友，一生的兄弟。

生活小案例

熄灯的铃声已经响过很久了，整个寝室一片漆黑。但是小林却翻来覆去睡不着，他想再看一会书。可是按照规定，寝室已经被断电了，没有光，他根本就没有办法看书。就这样睁着眼在床上不知待了多久，小林忽然想起，自己还有一个手电筒。于是，小林从床上爬起来，走到自己的柜子前，里里外外翻找着，将手电筒找了出来，然后坐在床上开始看书。这时，小林的一位室友小飞却不乐意了。原本累了一天的他都已经进入梦乡了，可是却被小林打开柜子找东西的声音吵醒了。

小飞原以为小林在找衣服，于是在心里暗暗埋怨几句，翻了个身，准备继续睡觉。没想到，小林竟然是找手电筒，而且找到之后，还坐在床上看起了书。黑漆漆的宿舍中，手电筒的一束光正好射向小飞的眼睛，这让他根本就无法继续睡觉。满腔愤怒的小飞不能忍受，他直接骂道："小林，大半夜的你不睡觉，作死啊？"小林不甘示弱："我看我的书，关你什么事？"就这样，两人你一言我一语开始了争吵，最后整个寝室的室友都被吵醒了，大家纷纷出言劝说着两人，希望两人各退一步，早点休息。可是，争吵了这么长时间，两人都有些怒不可遏了，他们都从床铺上跳了下来，眼看就要上演一番"近身战"了，其他室友也急忙从床上跳下来，拉住两人。这时，寝室的门突然开了，纪律老师从门外走了进来。看到寝室里乱糟糟的情形，他喝道："都不想睡觉了吗？走，跟我到办公室说话去。"众人无奈，只好耷拉着脑袋，穿上衣服，向纪律老师的办公室走去。

在办公室里，纪律老师将众人训斥一番之后，让他们第二天每人交一份检讨书，然后就让大家回去了。这一下，整个寝室的人都对小林有了意见，也就从这一天起，小林发现，自己被寝室里的人孤立了，没有一个人愿意跟他说话。

这样又过了一段时间之后，小林再也无法待下去了，他只好以"与室友不合"的理由向老师申请调换寝室，换到了其他寝室里。

应对策略

案例中的小林只考虑自己，毫不顾及他人，所以最终激起众怒，不得不更换寝室。其实，在集体生活中，做事情时不仅要考虑到自己的需求，更应当顾及他人的感受，要意识到寝室里不只是自己一个人。

对高中生来说，大家都有着共同的目标——通过高考。如果将高中生活比作战场生活的话，那么对所有的高中生来说，大家都有着共同的敌人——高考。在这个共同的敌人面前，大家需要相互帮助、相互鼓励，这样才能走到最后，获得成功。

那么，在这样的集体生活中，需要注意哪些事项呢？

1. 考虑他人的感受

家长应当让孩子意识到，他已经不是在独属自己的房间中了。所以，做任何事情时，都需要顾及周围人的感受。如果有必须要做的事情，同时这件事情又会对他人造成影响时，一定要获得他人的允许，同时尽量将影响降至最低。

就像案例中的小林，如果他在行动之前考虑一下舍友的感受，那么他在寻找手电筒的时候，肯定就会将动作放缓，以免打扰舍友休息。同时，当他在床上看书时，如果将手电的光遮挡一些，没有直接射到小飞的眼睛，小飞肯定也不会与他争吵。

2. 学会控制情绪

对于热血冲动的高中生来说，或许原本微不足道的事情到最后都能够引发一场拳脚之争，引来许多不必要的麻烦，甚至有可能因此而导致血案的发生，这是家长和学校都不愿意看到的现象。

所以，家长应当让孩子明白，当自己愤怒到极致、感觉就要爆发的时候，再退一步，将自己的注意力转移，直到自己的情绪稳定之后再理智思考问题的解决方案。这样既可以避免孩子因为一时冲动做出错误的决定，同时也可以避免双方大打出手。

3. 接受舍友的一些小习惯

每个人都有自己的生活习惯，或许在自己看来习以为常的事情，却是对方眼中难以容忍的恶习；或许别人毫不在意的一些习惯，却让自己感觉难以接受……

当孩子的身旁出现这样的现象，而孩子恰好又告诉了家长时，家长应当鼓励孩子自己去解决，不过在此之前，家长可以同孩子商议解决的方案：直接明了地指出对方的错误，虽然有可能解决问题，但也可能让对方恼羞成怒；对这些小习惯视而不见，虽然可以避免发生争执，但是会让孩子心中一直纠结，不舒服；可以委婉地、以玩笑式的话语向对方提一些建议，这样既可以避免对方的尴尬，又能够表达出自己的意见，让对方有所提升。

4. 尽己所能帮助他人

在学校的生活中，舍友是陪伴孩子时间最长的人，也就是说，他们之间的关系比其他人更为亲密。因此，在教导孩子同舍友相处时，家长应当引导孩子学会关心他人、帮助他人，就像“远亲不如近邻”一样，有时候，身在远方的父母无法立即出现在身旁，这时，舍友却能够提供贴心的照顾和帮助。

除此之外，好的室友也可以是孩子的知心朋友，当孩子遇到难以选择的事情时，或许家长劝导一万遍也比不上孩子知心朋友的三言两语。

比比看，谁的人缘最好

人缘好，能让孩子拥有更多的朋友。好习惯赢得好人缘：用“眼睛”去倾听，记住别人的姓名；少谈些自己，多谈些他人；欣赏之感溢于言表，做个好听众；多多鼓励，善于激励，双赢思维；不要抱怨别人，别总指责别人；学会交流，与人协作，善待他人，宽容是交友之道。

致父母的话

擅长交际的孩子无疑会让父母轻松许多，但是父母在放心的同时，还应当注意到，孩子身旁的朋友是否真的适合他？“近朱者赤，近墨者黑”，当孩子的身旁出现那些有不良习惯的朋友时，家长就应当谨慎起来，对孩子的择友观进行引导。

生活小案例

陈鑫是一位非常擅长交际的男孩，他从来都不会一个人走在马路上。在他的身旁，总是呼朋唤友地走着一群人。对此，陈鑫的爸爸妈妈都觉得是一件好事，毕竟孩子能够结交到那么多朋友，这也算是孩子的本事吧。

由于陈鑫经常和朋友一起玩，所以爸爸妈妈也就放宽了对他的要求，他们觉得，有这些朋友陪伴着陈鑫成长，至少陈鑫不会像那些孤单的孩子一样出现不擅长沟通、不敢发言等不良的行为。但是，爸爸妈妈却忽略了，陈鑫的朋友中是否有影响他正常价值观的人。

一天中午，陈鑫的爸爸外出路过学校，他看到陈鑫又跟着一群朋友进了学校旁的一家餐馆。爸爸想将陈鑫喊过来陪他吃饭，可是一想，担心这会影响陈鑫在朋友们心中的印象，于是，他没有张口，只是静静地站在树荫下，等陈鑫出来。

可是，爸爸在外面站了很久，等得肚子都开始抗议了，陈鑫和他的朋友仍然没有出现。爸爸不得已，只好走进那家餐馆。他想跟孩子说几句话，给孩子一点钱，然后再离开。

然而，当爸爸走进餐馆后才发现，在偌大的餐馆中，就只剩下陈鑫他们一桌人了。而且，在他们的饭桌上，竟然摆着几瓶酒。就在爸爸走进餐馆的时候，背对着爸爸的陈鑫站起来，手里拿着酒杯，对众人说："哥几个，再走一杯！今天这账算我的，大家放开了吃，放开了喝，这一点钱在我家根本就不算什么。"

爸爸气坏了，他真想上前一巴掌将那个嚣张的儿子打倒在地，但最终，他还是忍住了，气呼呼地走回了家。

晚上陈鑫回到家后，爸爸问他，中午吃饭喝酒的钱从哪里来的？陈鑫不敢说谎，低着头说："我自己的一些零花钱，还在妈妈的抽屉里偷偷取了一些。"

爸爸叹了一口气，原本还以为孩子身旁朋友多是一件非常值得夸耀的事情，没想到，孩子竟然跟朋友学会了偷。爸爸知道，看来自己在工作上付出的时间太多了，是时候将重心放在孩子的身上，并调整孩子的择友观念了。

应对策略

成功学大师戴尔·卡耐基曾说过，一个企业家的成功，其中百分之八十以上都要归功于优秀的交际能力。无论是在社会上，还是在学校里，交际能力的重要性都是显而易见的。进入高中校园，孩子和更多的朋友、同学、老师接触，这一阶段，孩子的人格和心理素质逐步形成，而这一切都是从孩子的交际中培养出来的。

和他人交往的过程中，孩子可能会学到他人的优点，同时也可能会沾染上一些劣习。由于孩子的辨别能力差，因此家长就更需要进行监督。不过监督并不是管教，尽管孩子在交际的过程中可能会遇到种种弊端，可这些对孩子来说都是历练，让孩子变得更加独立和成熟。缺乏交际的孩子性格会变得孤僻，因此，每一位合格的家长，都应该好好培养孩子的交际能力。

1. 帮助孩子选择朋友

真心知己上千也嫌少，酒肉朋友一个也嫌多。真正的朋友，应当是能够相互帮助、共同提升的伙伴，而不是只有吃喝玩乐才出现在身旁的跟班。或许，对孩子来说，那些叛逆、无所事事的混混们更符合他们心中“自由”的形象。但是，如果孩子以他们为榜样，言行向他们靠拢时，孩子的价值观、择友观、世界观已经在悄无声息中发生了改变，而且，这些改变的方向是家长最不乐意看到的。

因此，在孩子初入高中的时候，家长就应当及时对孩子进行引导，帮助孩子树立正确的择友标准。并不是说，孩子的朋友只能选择那些学习成绩比孩子好的学生，而应当是那些品学兼优的学生。

2. 教导孩子待客礼仪

有些孩子在学校中与朋友、同学相处得非常愉快，但是当朋友来到家中做客的时候，他却显得手足无措，甚至不知道自己站在哪里好，好像自己才是这个家庭中来的客人一样。这时，家长就应当注重培养孩子待人接物的礼仪。当孩子的朋友来到家中时，将孩子推到前面，由孩子自己来安排朋友们。

与此同时，家长还应当鼓励孩子多到朋友家中做客，学习朋友以及朋友的家长是如何接待他人的。经历的多了，孩子在接待他人的时候有了经验，也就能够妥当地安排和照顾好自己的朋友了。

不仅如此，这些经历还能够锻炼孩子的接待能力，相信，即便是有一天，家中来了父母的朋友，孩子也同样能够圆满地完成接待任务。

3. 鼓励孩子多与人沟通

只要经过仔细观察就能够发现，那些人缘好的学生都特别能说，而且会说。对家长来说，教导给孩子说话的技巧很容易，但是如何将这些技巧灵活地运用出来，就只有靠孩子日常的锻炼和使用了。

因此，要培养孩子的谈话技巧，首先就需要鼓励孩子多多说话，多与人沟通。如果孩子天生羞涩，不爱说话，别人很容易认为他性格高傲，不易接触，从而打消与他成为朋友的念头。让孩子多说，不要怕出错，只有说的多了，孩子才能够总结出属于自己的说话技巧，才能够真正成为沟通高手。

此外，锻炼孩子的沟通技巧，还有一种简单的方法。那就是让孩子与班级中人缘最好的学生成为朋友，在日常生活中仔细观察这名学生的一言一行，久而久之，孩子也能够拥有良好的人缘。

做个受欢迎的人

在高中阶段，多数孩子需要住校，孩子离开父母需要独立与同学相处。孩子不合群，怎么办？孩子不知道如何与同伴交往，怎么办？孩子不受同伴欢迎，怎么办？孩子总是受欺负，怎么办？

“不合群”“不会交往”“不受欢迎”“被欺负”等一系列问题是家长最头疼的问题。那么，如何教会孩子懂得谦让、宽容、分享、合作、协商，体会其他同学的感受，能够积极主动地与同伴交往，并且深受其他同学的喜欢，能够与同学和谐相处，做一个受欢迎的人呢？

致父母的话

众所周知，女性在交往方面天生占据了一定的优势，但是在高中里，也常常会看到有一些女孩形单影只，身旁没有任何朋友的陪伴。那么，家长应当如何引导，才能帮助女儿成为一个受大家欢迎的女孩呢？

生活小案例

有一天，爸爸去接高二的女儿回家时，发现在门口等待家长的其他学生都三三两两地聊天打发时间，只有女儿一个人孤零零地站着。

在回家的路上，爸爸问道："为什么你的身旁没有朋友呢？"女儿说："她们其实都想跟我做朋友的，只不过她们的成绩太差了，所以我才没有跟她们做朋友。"爸爸沉默了，他暗暗思索着要如何才能够既不伤害女儿的颜面，又能够及时扭转女儿的思想。但想了很久，爸爸也没有想出一个好方法。讲大道理吧，已经高中的女儿能说出更多的道理；直接批评吧，既舍不得又伤害父女之间的感情。他只好将这件事暂时放下，想着或许某个时机到了，可以借机教育女儿。

很快就有了一个这样的机会。第二天爸爸在送女儿去学钢琴时，路上碰到了女儿的同学。爸爸示意女儿上前同那个女孩打招呼，但是女儿却很不情愿："爸爸，不需要的，她的成绩比我差多了，跟着她我能学到什么啊？"爸爸虽然不高兴女儿这样说，可是也没有反驳。到了学钢琴的地方后爸爸才发现，女儿的那个同学竟然也在这里学习钢琴，而且看得出来，那名女孩弹奏得非常好，比女儿的水平要高。爸爸终于找到了机会："你看，虽然那位女孩的学习成绩不如你，可是你的钢琴弹奏水平却比不上人家。如果你们做了朋友，你帮助她提高学习成绩，她帮你提高钢琴弹奏的水平，不是两全其美吗？"

这一次，女儿没有拒绝爸爸的建议，当钢琴课结束后，她主动上前同那名女孩打招呼，并约定以后一起来上钢琴课。

与那位女孩分开之后，爸爸又对女儿说："丫头，我知道你心气高，看不起那些不如你的女孩。可是，就连孔圣人都说'三人行，必有我师焉'，你又怎么知道别人身上就一定没有值得你学习的地方呢？所以，以后应当与其他人友好相处，知道了吗？”

女儿没有说话，只是点点头，算是回应了爸爸的话语。不过，很快爸爸就发现，女儿真正地做到了这一点。不久之后，她的身旁就出现了许多朋友。而且，女儿还得意地告诉爸爸，说大家都一致认为她是“全班最受欢迎的女孩”呢！

应对策略

成绩好的女孩仿佛就是集万千宠爱于一身的公主，老师宠着，男孩们捧着，女孩们羡慕着。但是，如果女孩仅仅因为自己成绩好，就目中无人、孤芳自赏，对所有的集体活动都不感兴趣，对所有人伸出的友好之手都拒之千里。那么，这样的女孩会受到大家的欢迎么？

无可否认，容貌出众、成绩优异的女孩能够给人良好的第一印象。但是，随着时间的推移，人们会越来越重视身旁朋友的品行与心性。如果一个女孩仅仅拥有漂亮的容颜、优异的成绩，却没有与之相符的修养，还会有人愿意同她交往么？

那么，什么样的女孩最容易受人欢迎呢？

1. 温柔体贴、善解人意的女孩

就像《红楼梦》中说的那样：女儿如水。温柔的女孩就像水一样，环绕着朋友，同时，善解人意的女孩也能够像水一样，悄然无声地帮助着那些陷入烦恼的朋友，让他们得以顺利走出情绪的低谷期。

这样的女孩不会轻易同别人发生争执，而且当朋友遇到烦心事的时候，她们还会成为最佳的聆听者与开解者。让脾气火爆的人都能够静下心来和声细语地说话。所以说，这样的女孩将会是朋友的最佳人选，也极容易受到大家的欢迎。

但是，家长需要让女儿明白，温柔、善良的女孩并不是就意味着毫无底线地退让与迁就。每个人都应当有自己的一些原则与底线，而这些原则与底线则是不容许任何人触碰的。女孩子也应当明白，温柔、善良并不是胆小、懦弱的代名词。

2. 性格阳光的女孩

性格开朗的女孩就像冬日的暖阳一样，无论在哪里都会成为众人的中心，为大家带去一份友爱与关怀，她们同样能够成为众人心目中最佳的好友对象。

性格阳光的女孩就像《红楼梦》中的薛宝钗一样，不仅长辈和同龄人都喜欢她，就连府中的下人们也都非常喜欢和她在一起。但是同样集美貌和才气于一身的林黛玉却由于天生性格内向，终日里郁郁寡欢，在偌大的贾府中只有贾宝玉一个朋友。

相信只要是看过《红楼梦》的家长都不会希望女儿成为林黛玉那样的女子，那么，家长就需要从现在开始，为女儿提供一个良好的生活环境，及时帮助女儿排解心中的疑惑，注重对女儿性格的塑造。

在帮助女儿培养性格的过程中，家长还需要让女儿明白，孤高自傲、处理事情没有分寸、打扮妖艳和以自我为中心的女孩在交朋友的过程中是最不受欢迎的类型，因此，女孩应当竭力避免这些缺点，只有这样，才能够成为受欢迎的女孩。

从老师那里了解孩子

在老师的眼中，看到的总是孩子的不足，但是大多数时候，夸奖才能够给孩子以最大的动力。所以，如何与老师进行沟通，既充分了解孩子的真实情况，又能够将老师批评的话语转为对孩子的鼓励，这是每一位家长都应当了解并掌握的一项技能。

致父母的话

无论孩子在老师的眼里是学习成绩优异还是贪玩淘气，家长与老师要经常沟通，多了解自己的孩子。即使老师不喜欢这个孩子，总是在家长面前批评孩子，但是作为家长，要通过与老师的交流，真正了解自己孩子的情况，并在合适的时机委婉地跟孩子交流。

生活小案例

女儿升入高中之后，原本就属于弱项的数学再一次亮起了红灯，甚至在第一次考试的时候，数学成绩在整个年级的排名中都列于末尾了。妈妈非常着急，但是她并没有逼迫女儿进行反思，而是趁着考试之后的家长会同老师进行沟通。

在妈妈与数学老师沟通的那天，老师的办公室里有很多人。当妈妈说出女儿名字之后，那位老师想了一下，然后说："你女儿的基础是不是太差了，以后要多加努力啊。"随后，老师又对另一位家长说："你家孩子的数学还好，只要保持下去，不出现大的问题，那么高考肯定不会落分的。"

原本妈妈看到老师那么忙，就已经打算要离开了，没想到，老师又向她看了过来，说了一句："不像她家孩子，根本就跟不上进度。如果家长想不出好办法的话，恐怕她的成绩就上不去了。"

老师的这句话让妈妈感觉脸上都有些火辣辣的了，她急忙转身离开了老师的办公室。在回家的路上，妈妈反复思考着，用什么样的方法才能够提高女儿的数学成绩呢？而且，虽然那位老师的话语比较直白，但也很有道理。如果女儿的数学成绩无法提高，那她的高考肯定就无法取得理想的成绩，那考大学就更是一个遥远的梦了。

回到家中，看到女儿期盼的眼神，妈妈并没有把老师的原话告诉她，而是说："我跟你们的数学老师聊得非常好，看得出来他是一位非常认真、谨慎的老师，而且，他对你的印象也不错。他还说，你只是暂时没有找到学习高中数学的技巧而已，如果能够给你找一个家教的话，相信你一定能够跟上大家的脚步。"

女儿虽然有些半信半疑，但她脸上的那些沮丧已经不见了。而且，这一次妈妈说起请家教的事情时，女儿也没有表示拒绝。要知道，在此之前，女儿是一直拒绝请家教的，她认为那是对自己私人时间的一种侵占，是对自己学习能力的一种不信任。

在女儿默许的情况下，妈妈帮她请了一位家庭教师。这位教师讲课的方式与女儿的学习方式很接近，他讲的知识点女儿也更容易理解。就这样，这位家庭教师辅导了女儿三年，女儿的数学成绩也一点一点提高。功夫不负有心人，女儿在高考中取得了满意的成绩。

应对策略

在老师的眼中，每一位学生都有着这样那样的缺点，所以，当家长与老师沟通的时候，如果没有任何的心理准备，很有可能会因此而产生一种怀疑，失去对孩子的信心。此外，老师在家长心中的“权威性”也让家长无法忽视老师的评价，进而认定孩子的不足。

对高中期敏感的孩子来说，家长的一次小小怀疑都会引起他们情绪的剧烈波动，更何况是来自老师的不容置疑的否定呢！所以，家长在与老师的沟通过程中，一定要固守本心，不能让自己的思维完全跟着老师走。

家长在与老师进行沟通时，还应当注意到以下几个方面。

1. 与老师单独见面或者打电话，如果人多宁肯不谈

如果家长在与老师沟通的过程中，遇到了像案例中这样的事情，肯定会对家长的心情造成一定影响，而且家长会感到老师的话语伤害了自己，却又对此无话可说，只能在心中憋屈，甚至有可能将这种情绪传递给孩子。

家长与老师沟通的出发点是为了让孩子更好地学习，同时也是希望能够从老师那里获得有益于孩子的学习方法。如果家长的这些情绪影响到孩子，那就大大违背了自己的出发点，甚至可能将孩子逼到学习的对立面，进而失去了与老师沟通的意义。

2. 与老师沟通的次数不必太频繁

一般而言，一个学期同老师沟通一两次就足够了。因为，高中老师的工作量非常大，他们的时间紧张程度比学生有过之而无不及。如果每一位家长都出于关心孩子的心态，频繁拜访老师或者给老师打电话，那么也会对老师正常的工作、生活造成影响，就会被老师列为不欢迎对象，甚至会因此而影响到老师对待孩子的态度。

高中期的孩子已经逐渐具备成熟的沟通能力了，他们完全可以就自己学习的问题同老师进行沟通。一方面，因为学生大多数时间都和老师在一起，沟通比较方便；从另一方面讲，学生与老师沟通较多的话，也会在老师的心中增加一些对学生的印象分，从而对孩子更加关心。

3. 有的放矢

家长在决定与老师沟通之前，不妨就将自己想要见的老师、想要问的问题、想要获得的解决方法等一一记录下来，列一份清单。这样就可以在较短的时间内将需要解决的事情都一一解决，同时也不会给老师留下一个拖沓、耽误时间的印象。

有时候，有些家长会根据孩子反映的相关情况对老师提出要求，希望老师能够改进。虽然大多数时候，老师都会友好地表示接受，但是在他们心中仍然会有小小的抵触。

其实，每一位老师都有着自己独特的授课方式以及教导技巧，而且很多时候，他们的这些方式和方法都来自于多年教学经验的总结。对他们而言，家长在这一方面的提议属于外行指导内行。

虽然大多数老师能够表示理解，对家长的这些行为一笑了之。但也不能否认，会有一些肚量较小的老师，因此而改变对孩子的印象，从而影响到孩子的学习。

如何正确处理早恋问题

如果在高中时代能有一份纯真的感情，并且这份感情一直维持到了成年，甚至是成年之后走进了婚姻的殿堂，这何尝不是一个美好的回忆？但是作为家长，一定要教给孩子什么是该做的，什么是不该做的。这一点很重要。

孩子上高中了，也应该了解相应的性知识。而且多跟孩子谈心，告诉孩子不要耽误学习，让两个人互相鼓励，一起进步。

致父母的话

少男和少女之间那一丝萌动的爱情，如同还没有成熟的果实，过早地去采摘，恐怕只能品尝到心酸与苦涩。

生活小案例

案例1：

刘思思是一个内向的女孩子，上了高中后，因为离家比较远，她不得不在学校里借宿。第一次独立在外面生活，刘思思觉得生活难以自理。这时，张伟出现了，生活中他总是无微不至地照顾刘思思，两人关系日渐升温。刘思思的成绩却开始下滑。

妈妈知道情况后，不由分说就是一顿责骂。内心的自责、家长的训斥让刘思思的状态越来越差，她的内心每天都充满着矛盾和痛苦，学习成绩更是一天不如一天。

案例2：

周末，妈妈带着刘丹去心理辅导班。见了老师，妈妈诉苦道："老师，我家的孩子最近也不知道怎么了，她总是魂不守舍的，成绩也是一路下滑。可无论我怎么问，她都不怎么开口，您看您能不能帮帮她。"

看着忧心忡忡的家长，老师先是大概了解了一下女孩的情况。刘丹正上高二，是班里的数学课代表，原来学习成绩很好，也很听老师的话，是大家眼中的好学生。而且，她的学习状态、心理素质一直都很健康，这样一个好孩子，怎么会突然变了呢？

这时，老师看了看刘丹，发现她的眼神一直不敢和自己对视，而且脸上也有些泛红。看来，她一定是遇到了难以启齿的事情。想到这一点，老师让家长在门外等着，然后开始耐心地询问刘丹遇到了什么事。一开始，刘丹还是不肯说，当老师提及男女关系时，她终于说了实话。

原来，在一次体育课上，刘丹观看校内的一场篮球比赛。球场上，一个高个子男孩帅气的投篮动作深深地吸引了她。回去以后，她脑中那个男孩的相貌始终挥之不去。虽然刘丹也知道现在她不应该谈恋爱，但却控制不住自己，心中时时冒出那个男孩潇洒的动作。在这种矛盾的心理下，她开始变得精神恍惚，渐渐地，成绩也受到了影响。

知道了这些，老师微笑着对她说："原来是因为这件事啊，喜欢一个人是很正常的，人人都会有这种纯洁美好的感情，你不需要自责。特别是处于青春期的孩子，都会对异性产生一种懵懂的感情。老师我当年也喜欢过一个踢足球的男孩子呢？对于这样的事，只要我们把心放开，不要逃避，正视这种感情，就不会为它困惑。”

听了老师的话，刘丹若有所思地点点头，说：“谢谢您，老师。我明白了，以后我不会再为这件事烦恼了。”

应对策略

早恋是普遍存在的一种社会现象，德国诗人歌德曾经写道：哪个少男不钟情，哪个少女不怀春？孩子渴望与异性接触是一种正常的心理。老师和家长没必要高度紧张，草木皆兵。孩子早恋固然是不对的，但家长要选择合适的教育方式，帮孩子走出早恋的困扰。

1. 及早发现孩子早恋，予以正确的引导

孩子早恋一般是不会主动和家人说的，但只要家长足够细心，还是能够发现孩子的这点“小心思”。早恋的孩子有两个显著的特征：一是做事常常魂不守舍，二是行为表现反常。如果家长发现自己的孩子有这两个状态，就说明他们可能步入了早恋的误区。

杨征是一名高二的学生，成绩在班里一直名列前茅。可是，最近上课他老走神，时常看着窗外，还会一个人莫名其妙地傻笑。有一次，老师点名提问他，叫了他三四声，他都没有反应。后来，同桌拉了他一下，他才回过神来，可站起来后，也不知道老师问的是什么，表现得非常糟糕……

回家之后也是一样，有时妈妈喊他几声，他也不应。既没有学习，也没有玩，只是一个人静静地发呆。杨征的情况，就是早恋的一种体现。

面对孩子的这些变化，家长应该多想一想：孩子为什么会有这种表现？仔细观察，就能摸到孩子那颗萌动的心。有早恋倾向的孩子，独自一人时会精神恍惚；在心仪对象面前，他们却又会变得特立独行，行为反常，这样做，无非是为了吸引异性的注意力。

当家长发现孩子有这些表现时，千万不要责骂、体罚孩子，也不要直接询问孩子，以免让孩子难堪。面对孩子早恋，家长应该先冷静下来，然后找个闲余的时间，与孩子做一次促膝长谈，谈谈自己的恋爱经历，让孩子对爱情有更进一步的认识，走出早恋的误区。

2. 鼓励孩子多与别的异性接触，开阔孩子的眼界

在学校里，因为学校和老师的严令禁止，男生和女生之间的接触交流很少，这会让孩子对异性产生一种神秘感。只要男生和女生之间稍微走得近一点，这种神秘感便能促使他们进入早恋的行列。所以，消除异性的神秘感对孩子来说是必需的，而消除异性神秘感的方法，自然是让孩子多与异性交往。

王雪是个非常开朗的女孩子，今年上高二，在班里朋友很多。

一天，王雪呢喃着对妈妈说，自己喜欢上了班里的一名同学。然后，她把那名同学的优点夸了一遍，好像班里的其他男生完全比不上他。妈妈听完，对女儿建议道："小雪，你先别急着和那个男生交往，而是多和班里别的男生接触一下再说吧！"王雪同意了。

一个月后，王雪很少再提起那个男生了。妈妈问她："小雪，你好像对以前的那个同学不感兴趣了？最近都没听你说起过他。"王雪说："哎，一般的朋友而已，有什么值得说的。"

家长教育孩子时，就应该像案例中王雪的妈妈一样，鼓励孩子多与异性交流，而不是把眼光停留在一个人身上。不消除对异性的神秘感，孩子容易一叶障目，陷入早恋的误区。

3. 转移孩子视线，用理想和学习冲淡孩子的早恋情结

高中是孩子长知识、长身体的黄金阶段，沉迷于畸形的恋爱之中，势必会耽搁孩子的学业和心理成长。为了淡化孩子对感情的注意力，家长可以给孩子树立高远的理想，让他们明白自己生存的意义，引导孩子把注意力放在学习上，为将来而努力。

高中的孩子刚刚进入青春期，身体和心理的变化会让孩子对爱情有一丝萌动，然后陷入迷茫之中。这时，家长需要做的就是给予孩子足够的理解、关心和指引，防止孩子进入早恋的误区，顺利度过高中三年。

偶像，也可以是启明星

"追星族"这个词对于大家来说并不生疏，现在的明星越来越多了，追星也随之愈演愈烈。追星到底是利大于弊，还是弊大于利？这个姑且不说，但作为高中生，追星应该有目的地追，不能盲目地追。

大部分人都有自己崇拜的明星，并将他们作为自己的偶像。有一部分高中生说自己很了解自己的偶像，并搜集了许多关于偶像的资料，如明星的爱好，喜欢的颜色，喜欢吃什么等。而另一部分高中生追星却是有目的的，他们所喜欢的明星不只是因为美和帅，也不只是因为他们会唱歌，会表演，更重要的是明星的气质以及他们成功的经历。在他们眼里，自己崇拜的明星是他人生道路上的一个榜样，追星是为了帮助自己进步。

致父母的话

青春期的孩子会有崇拜的偶像，虽然他们崇拜的偶像中更多的是电影、电视明星以及歌星，但这也代表着孩子在精神方面的追求。这时，家长所应当做的不是阻止，不是更改，而是深层次地挖掘孩子崇拜的偶像所具有的闪光点，然后让孩子将这些闪光点学到。

生活小案例

妈妈还记得，在女儿即将参加高考的时候，女儿特别崇拜的偶像——周杰伦要来这个城市举办演唱会。那次，女儿向妈妈苦苦哀求，想要到现场去观看。妈妈一时心软，于是答应了下来。

可是，妈妈并没有想到，演唱会的门票销售得异常火爆，她费了九牛二虎之力才得到两张票，还是最便宜的。妈妈原本以为女儿会失望，没想到，女儿看到这两张票的时候，竟然兴奋地亲了她一口。

演唱会那天，女儿没有带妈妈，而是和一位朋友一起去了现场。当两人从演唱会回到家中的时候，虽然嗓子都已经喊哑了，但是两人仍然十分兴奋。她们用沙哑的嗓子语无伦次地给妈妈描述着现场的火爆。

升入高中后，女儿最崇拜的偶像仍然没有更改。她将所有周杰伦演唱的歌曲都下载下来，保存到自己的MP3中。而且，只要周杰伦出新的专辑，她一定会在第一时间购买，而且一定是正版的。不仅如此，她还将周杰伦的海报贴进了自己的卧室，在第一时间观看和周杰伦有关的电影。

妈妈无法理解女儿这种追星的狂热，但是理智的妈妈并没有阻止女儿的这些举动，也没有在女儿的面前说周杰伦的坏话，而是开始悄悄搜集周杰伦的有关资料。通过这些行动，妈妈知道了：周杰伦不仅才华横溢，而且颇有孝心，此外，周杰伦出名之前的道路也走得异常坎坷。

了解到这些之后，妈妈又开始了对女儿的教育。她在与女儿的交谈中，不着痕迹地将谈话的重心转移到了周杰伦的优秀品质上。女儿这才发现，原来她只是关注了许多周杰伦表面的成绩，并没有真正了解周杰伦成功背后的努力与付出。

有了妈妈的引导，女儿也开始搜集有关周杰伦成功的经历，她也在这搜集的过程中，让自己的行为一点一点向周杰伦看齐。

看着女儿的改变，妈妈无声地笑了。

应对策略

每一个成功者的背后都有着不为人知的汗水与血泪，即便是孩子所崇拜的明星。家长不应当盲目阻止孩子的追星行为，而应当以孩子的认知为出发点，挖掘出明星身上的闪光点，从而让孩子的品德在成长过程中得到完善。

其实，在众多的明星之中，有一些品质是共通的。

1. 坚持不懈，不服输

几乎每一位大腕都拥有着坚定的心智，他们在自己认定的道路上坚持着信念，在失败面前他们毫不认输。正是因为具备这种坚持不懈的精神，他们才能够在众人面前走出一片辉煌，才能够成为万千粉丝心目中的偶像，他们当之无愧。

对此，家长可以引导孩子在高中的每一次测验之后，都对自己的失误进行总结。不仅是对每一个错误的地方进行分析，更要由点及面，将自己掌握不牢固的知识点都一一找出，然后再逐个攻破。

只要孩子能够将这样的分析坚持下去，在心里默默告诫自己：不要认输！就能够从一开始打下牢固的基础，在今后的学习中，孩子将会走得更加顺畅。

2. 与己作战，努力为先

我们说："成功就是机遇光临了有准备的人的家中。"所以，我们不能说，没有成功的人就都没有准备好，他们只是欠缺一个机遇而已。但是，对即将迎战高考的高中生来说，机遇似乎唾手可得，它就在不远处，随着时间消逝而逐渐光临。所以，家长更应当让孩子明白，他们面临的最大敌人就是自己。只有战胜自己，在努力的基础上更加刻苦，才能够真正成功。

3. 谦虚请教，规划科学

如果有哪位明星出名之后，骄傲自满，不可一世，那么这位明星距离淡出公众视线的日子也就不远了。所以，我们看到的星光璀璨的明星们，即便是在成名之后，他们也仍然保持着谦虚的态度，而且他们对自己的生活也会规划得更加科学。也正是因为大部分明星保持了这样的态度，他们才能够在公众的视线中长久存在。

如果孩子有特别崇拜的偶像，父母不妨从明星的优秀品质这个方面出发教导孩子。那些明星在已经被公众接受、认可的情况下，尚且勤学不休，那么作为一名还没有跨过高考的高中学生来说，是不是更应当将注意力放在学习上呢？

此外，对高中生活的安排也应当合理规划。学习不是朝夕之间的努力就可以成功的，所以，家长更应当帮助孩子制订一个行之有效的计划，可以帮助孩子长久坚持下去。只有这样，孩子才能一步步缩短与成功的距离。

最后，既然孩子拥有崇拜的偶像已经不可阻止，他们崇拜的明星家长也无从选择，那么，不妨就此接受吧。顺势而为地找到明星身上的其他闪光点，让孩子在崇拜之中健康成长，让孩子在快乐之中逐渐成功。

对待孩子式的"义气"

高中生讲究哥们义气的现象在多数孩子身上都有或多或少的体现。尤其是男孩子，因为受到武侠小说和电视剧的影响，他们在交朋友的过程中总幻想着和侠客们一样，和朋友们称兄道弟，为朋友两肋插刀。然而，这种观念无论是放在孩子们身上，还是放在社会上，都是狭隘的、错误的交友观念。

要改变孩子的这种观念，首先家长们要明白一点：不要认为孩子在学校里有几个铁哥们是件好事。朋友多了固然是件好事，但也要看是什么样的朋友。酒肉朋友不能交，而这种“结拜弟兄”也不能让孩子交往。

致父母的话

孩子间盲目讲究的哥们义气是一种偏执的友谊，它只会让孩子渐渐变成一个“不良少年”。而真正的友谊并不是为朋友两肋插刀，而是让彼此间的心里有个依靠。

生活小案例

案例1：

周斌刚上高中两个月，最近，在周斌的班里发生了一件惊人的事，用老师的话说，那简直就是“震撼”。

原来，在开学两个月后，班干部试用期已到。老师准备让学生们投票选出正式的班干部。选票结束后，对于班长这一职务，班里有一半的学生选的是原来的代理班长，然而，还有近一半的学生选的是另外一个男生，两人只差了两票。后来，在班里学生的强烈要求下，老师只能决定让大家再商量一下，下午做决定。

可谁想到，就在中午休息的那段时间，班里的学生分成了两拨，相互争吵，甚至谩骂起来。如果不是老师及时赶来，他们甚至要直接抄凳子打架了。经过了解才知道，班里早已分成了两派，那两位竞选班长的同学，手下各拉拢了一帮“小弟”。据周斌透露说，有的同学原本不愿意加入“分帮”，但迫于好朋友的面子，不得不加入其中之一。

听到这些话，老师是又急又气。没想到孩子小小年纪就开始讲究哥们义气，甚至还开始拉帮结派了。孩子们的这种行为，真是应该好好教育一番了。

应对策略

孩子讲究哥们义气，很容易犯错，甚至误入歧途。作为家长，我们该怎样引导孩子理性看待友谊呢?

1. 教给孩子认识真正的友谊，以及友谊和哥们义气之间的差别

高中的孩子因为涉世太浅，与人交往时感情往往比较真挚。而过分注重友情，会淡化人的道德和法律观念，盲目地讲究“江湖义气”。这种情感偏执的友谊，很容易让孩子因冲动而犯下错误。因此，家长一定要教育孩子，友谊确实是一种真挚美好的感情，同时友谊也是一种高尚的节操。朋友之间，有了困难和危险可以相互帮助；有了烦恼和忧愁，可以相互倾诉。但友谊是有一定的原则和界限的，无论两人的关系怎么好，所做的事情不能超越道德和法律的底线。

而孩子们所信奉的哥们义气，恰恰违背了这一切。他们为了朋友，做事不顾后果，对家人和社会不负责任。在他们眼中，小集团的利益高于一切。有的孩子因为朋友们的钱不够花，不惜偷拿父母的钱，甚至是勒索别的孩子。

友谊是朋友们可以在相互帮助的过程中，改正自己的错误，提高自己的修养和品德。而所谓的哥们义气，则是孩子明知道自己做的事情是错误的，可为了朋友间的“义”字，仍然我行我素。家长要让孩子明白，如果朋友犯了错却不知悔改，甚至还拉上他们一起做，这种“朋友”关系，不仅算不上友谊，更算不上义气。

2. 给予孩子理解，让他们获得更多的友谊

处于青春期的孩子，渴望得到别人的肯定，也希望获得更多的友谊和支持。对此，家长要理解孩子的这一想法，给孩子更多的支持和肯定。

我们仔细观察不难发现，那些讲究哥们义气的孩子，多数都是因为缺乏老师和家长的赞扬，才和性情相投的孩子“混”到一起，从好哥们之间获得这种认同感。

因此，为了不让孩子盲目地讲究哥们义气，家长要给孩子足够的理解和支持。当孩子从家长这里得到认同感后，家人也就成了他们最亲近的朋友。这样不仅可以阻止他们追求哥们义气，还可以促进亲子间的关系，更利于家长走近孩子，帮助孩子获得成长。

3. 培养孩子的是非观，明白友谊的重要性

孩子上了高中后，虽然自我意识逐渐发展起来，但在辨别对错的方面却没有明确的概念。由于不能辨清是非曲直，拥有自我意识的孩子常常会钻牛角尖，陷入错误的泥潭里。其中，表现最明显的就是那些讲究哥们义气的孩子。他们把这种哥们义气当成了真挚的友谊，为了朋友不正当的需求，他们一起逃课，一起打架，一起偷东西等。

因此，家长要在日常生活中，培养孩子的是非观，提高孩子对事物的认知和辨识能力。当孩子能够分清是非的时候，交朋友自然会择益而交了。

培养孩子的是非观是一个长久的过程。当孩子有所进步时，家长要及时鼓励和赞扬；当孩子犯错时，家长也不能批评，而是找个恰当的时机和孩子说理。长此以往，才能逐渐增强孩子辨明是非的能力。

除此之外，还可以就交朋友方面特意给孩子一些教导，用社会上著名的交友典范来教育孩子，让他们明白“君子之交淡如水”的道理。

4. 教育孩子学会克制情绪，不要为一时冲动而犯错误

有些孩子之间其实并没有所谓的哥们义气，但当朋友受到别人欺负的时候，他们很可能因为一时的冲动，而做些不该做的事。

吴越上高二时，是班里的体育委员。为人非常热心，只要有同学遇到困难，他就会费尽心思地帮助同学。可有一次，却因此挨了老师的批评。

那一天，一名同学眼睛肿着进了班级，吴越马上跑过来问出了什么事。同学说和隔壁班的同学闹矛盾，被人家给打了。听到这里，吴越非常生气，二话没说，召集班里的几个高个子男生到隔壁班把那个人揍了一顿。

后来，他们全都被老师叫到办公室狠批了一顿，还每人记了一次大过。从此，两个班的关系越来越差，稍有矛盾就会擦枪走火。

其实，孩子帮朋友出气本来是出于好意。但太过冲动地办事，不仅解决不了问题，反而会加深两者间的矛盾。朋友遇到了问题，我们需要提供帮助，但一定要先冷静下来，找到合适的解决方法。

改变孩子交朋友的行事作风，需要家长和老师的共同努力。只要能让孩子辨明是非，懂得友谊的真正意义和价值，相信孩子一定会理解家长的良苦用心，交到真正的朋友。

生活篇

领悟爱的真谛，学会感恩

每朵花都有自己开花的季节，如闹春的迎春花，酷夏的荷花，深秋的菊花，寒冬的腊梅。只要是一朵花，就别气馁，春夏秋冬，总有适合自己开放的季节。夏花灿烂，却不可永恒，花开是有期限的。在花凋落的时候，不要羡慕其他花，而是应该继续努力，在来年开出令人赞叹的鲜花。

处于高中阶段的孩子就像正值花期的鲜花开得正旺盛，但是一瞬间的光芒不代表永远的灿烂。

作为高中阶段的孩子家长，在生活中怎么呵护好这朵鲜花，怎么才能让这朵鲜花即使凋零了也依旧很美，就需要家长用爱告诉孩子生活的真谛。

给予孩子正确的引导

孩子进入高中以后，对自己的未来都会有这样的思考：我未来到底该做什么？对于这个问题，很多家长都简单地给孩子定义为：好好学习，考上大学。然而，大学并不是一种职业，单单让孩子好好学习显然不是一种正确的引导。

致父母的话

家庭教育是一门学问，而如何正确地引导孩子朝着健康的方向发展，便是家庭教育中的核心内容。

应对策略

对孩子的引导要包含各个方面，除了学习，还包括人生规划以及兴趣爱好的培养，让孩子在轻松快乐的环境里更好地成长。引导孩子的成长，家长有几个方面要特别注意。

1. 多与孩子共事，加深对孩子的了解

孩子上了高中以后，俨然已经长成了一个小大人，如果家长还和以前一样包办孩子的一切，不仅会阻碍孩子的动手能力，还会让孩子感到厌烦和不自由。然而，过度放手，家长又会担心孩子步入歧途。这时，最佳的解决办法自然是和孩子多多共事，家长如果能成为孩子的朋友，无疑会更有利于亲子之间的沟通。

俗话说“患难见真情”，如果你能和孩子共同努力完成一个工作，你们之间一定能建立一种独立于亲情之外的友谊，让亲子间的关系更进一步。所以，家长可以尝试和孩子一起共事，例如，与孩子共同参加小区里、学校里或电视上举办的某种活动。在活动中，家长和孩子一起规划，克服种种困难完成任务，在这个过程中，通过你们彼此之间的合作，一定会让彼此的感情沟通更加顺利。但有一点需要注意，无论做什么活动，在协作的过程中，家长和孩子一定要有分工、有交流、有配合、有支持。家长千万不可单方面独揽大权，否则便失去了与孩子共事的真正意义。

2. 让孩子学会规划自己的人生

所谓人生规划，就是根据个人的发展志向和兴趣爱好，对未来道路做出的一种预先设计。孩子上高中时，会觉得自己的理想已经成熟，实际上，他们的理想还缺乏一定的现实基础。此时，孩子的自我意识发展迅速却没有明确的方向，孩子只想着独立和成熟，却不知道具体该怎么做，其中，叛逆就是他们要体现自己成熟的一种表现。

作为家长，给予孩子正确的引导是必要的，必须让孩子明白实现理想就应该脚踏实地，去努力，去付出，从现在做起、从小事做起，以顽强的毅力冲破重重阻碍，战胜困难，达到理想的彼岸。

具体教育孩子时，首先，家长要肯定孩子的想法；其次，让孩子体验成功，激发学习动力；最后，再慢慢引导孩子了解社会，制定更加成熟的人生规划。例如，有的孩子在谈到自己的未来时，说自己长大了要做一名司机，有些家长的第一反应是呵斥："做什么司机？真是没出息，至少要成为一名机械工程师才行。"显然，孩子的看法和大人略有不同。他们的理想很单纯，只不过是根据兴趣产生的一个美好的想法而已。家长无情地反驳，会让孩子的热情渐渐消退，最终变得平庸。这时，家长应该肯定孩子的想法，并告诉孩子做司机需要学习机械知识，进而引出孩子的学习兴趣。然后，家长可以买一些机械小制作，让孩子在空余时间培养学习机械的兴趣，增加他们学习的积极性。最后，根据孩子对机械的感兴趣程度，再给孩子讲解社会知识，让他们了解社会，在此基础上，树立一个正确、远大的理想。

3. 发掘和培养孩子的兴趣爱好

对于高中生来说，学习固然重要，但兴趣爱好也不能忽略。在劳累的学习过程中，让孩子放松的最佳方法就是培养他们的兴趣爱好。每一个孩子都有自己的兴趣爱好，只要家长细心观察，肯定能发现孩子感兴趣的知识。如果仔细加以培养，不仅可以帮孩子放松身心，还可能为孩子锻炼出一种特殊的本领。

张雅小时候非常喜欢绘画，上高中以后，因为学习压力增加，就很少画画了。有一段时间，妈妈看到张雅常常因为学习愁眉不展，想帮她放松精神。妈妈知道张雅喜欢绘画，就帮她报了一个周末绘画班。

一个月后，张雅学习绘画的效果显示出来了。由于她的绘画天赋好，常常受到老师的表扬，她的自信心大增，不仅绘画越来越好，成绩也提了上去，而且整个人看起来也清爽多了。之后，张雅在市区举办的绘画展中多次获奖，她的成绩也渐渐进入了班级前几名。

这就是兴趣和爱好的作用，因为感兴趣，所以才会去追求卓越。在任一行业里做到了卓越，成功就会无意间降临。

家长想发掘孩子的兴趣，就要敢于让孩子多领域尝试，因势利导，因材施教，帮助孩子发现兴趣。尊重并支持孩子做出的选择，让孩子在自己感兴趣的领域里发展下去，并找到积极、健康的发展方向。

加强锻炼，身体是“本钱”

生命，就像一幅画，每个人的手上都握着属于自己的、独一无二的画笔。许多人，匆匆忙忙地赶路，别忘了及时为自己的人生画一幅精彩的画。再美妙的画卷，再漂亮的风景，都需要健康来支撑。

高中阶段的孩子，学业负担开始增加，但是家长并不能因为孩子的学业负担增加，就不重视锻炼，不重视健康。真正承受所有的压力和负担的还是孩子的身体，它无处可逃，日夜相伴。无论孩子有多大的梦想，无论孩子学习成绩是多么的优异，身体才是最基础的。高中阶段是孩子最需要加强锻炼的时候，家长应该培养孩子锻炼身体的意识。

致父母的话

身体是本钱，让孩子锻炼好身体，才能以更好的状态投入到学习和生活之中。

生活小案例

赵祥是一名高三的学生，由于从小就不爱运动，导致身体越长越胖，也非常虚弱。只要有流行感冒，他必被传染。爸爸看到孩子的健康一日不如一日，很是着急。他开始常常提醒赵祥多运动、多锻炼，但赵祥就是不听。他还甚是有理地说："现在我已经上高三了，学习非常忙，哪有空锻炼啊？"

爸爸对他说："只要你平时多锻炼身体，身体素质好了，大脑的状态也就会更好，这样你的学习效率才能提上去啊！所以，锻炼虽然占了一点时间，但绝对不会耽误学习的。想想你现在，动不动就生病，病了还怎么学习啊？"

赵祥听了爸爸的话，赞同地点了点头，决定配合爸爸制定一个计划来锻炼身体。争取在这一年里，把身体锻炼好。

应对策略

高中三年，是孩子身体发育最快的时间段。除了要给孩子补充充足的营养，还要让孩子加强锻炼。只有足够的运动，孩子的身体才能发育良好；有个好身体，孩子才能更加轻松地投入到学习之中。然而，很多父母都认为孩子上了高中后，学习才是他们的第一要务，锻炼身体什么的，以后再说。事实上，缺乏锻炼，直接会影响到孩子身体的协调、力量、耐力、心肺和神经功能的发育。孩子经常处于一个浑浑噩噩的状态，又怎么能够安心学习呢？并且体育考试早就列入了高考项目，孩子的体育成绩差，一样会影响到总体成绩。其实，即使高考没有体育这一项，家长也要教育孩子加强锻炼，保证身体健康，让孩子在身心轻松的状态下学习。有些家长会说，孩子就是不喜欢运动，该怎么办呢？对此，我们不妨试试下面的方法。

1. 培养孩子的运动热情

有的孩子上了高三后，面对高考的压力，他们把所有时间都投入到学习之中。有时，就连学校的早操也不参加。上体育课时，还带着课本在角落里写写画画。殊不知，这样做是舍本逐末。

王恒很喜欢足球，但上了高二以后，由于新学科的增加，学习上有了压力，他就很少再去踢球了。不仅如此，到了周末他也不怎么出去找同学们玩了，整天一个人闷在屋里学习物理与几何。

爸爸看到孩子回家后总是待在屋里，就找了个机会问他怎么不出去运动了。王恒对爸爸说，因为多了两个新学科，他感到学习时间不够用，不想再在运动上浪费时间了。这时，爸爸教育他说："你可以注意一下，班里成绩好的人，并不是那些天天只知道闷头学习的人。适当地放松身心，参加运动，才能让你有更好的状态，学习起来也更轻松。"

事实确实如此，常运动，学会放松身心，学习才能更轻松。要想让孩子自愿参加运动，家长就要培养出孩子的运动兴趣，激发他们的锻炼热情。比如，现在有很多孩子喜欢体育明星，家长可以培养他们感兴趣的体育运动。男孩子可以踢足球、打篮球等，女孩子可以打排球、游泳等。总之，找出孩子比较喜欢的体育项目，支持孩子多参加这些项目，给孩子买合适的运动器材，让他们有更多运动机会，锻炼出好身体。

在鼓励孩子运动时家长还需要注意一点，就是要为孩子创造出一个轻松的运动氛围，不能给孩子制定运动任务量，要让孩子在运动中感受到舒心与快乐。只有这样，孩子才能对运动充满热情，把运动当成一种爱好，并一直坚持下去。

2. 为孩子制定一份锻炼计划

对孩子来说，一份合理的锻炼计划是必需的，它可以让孩子品尝到自己在运动过程中的收获。当计划一步步实现时，那种成就感也可以为孩子提供坚持锻炼下去的动力。然而，锻炼计划并不是给孩子下达任务量，而是给孩子画出每个锻炼阶段的成长线。让孩子知道，通过运动，他们的身体素质有了实质性的成长。锻炼计划的制定要与孩子仔细商议，清楚孩子想要达到的目标后再确定锻炼计划。

3. 积极督促，帮孩子战胜懒惰

懒惰可以说是人的一大共性，孩子当然也不例外。家长不加以督促，自制力不强的孩子就可能学会偷懒。如果偷懒成为习惯，他们就不能持之以恒地锻炼了。

督促孩子的方法有很多种，其中最为有效的便是家长也参与到运动中。为孩子做好表率是家长的任务。如果家长给自己制定一个锻炼计划，然后严格执行，孩子就会乖乖效仿。为此，家长和孩子之间可以相互制作一个简单的督促表，记下双方每周锻炼的时间、次数、运动量等。把这张督促表贴在家中显眼的位置，方便家长和孩子都能够做好自我监督。

4. 指导孩子要安全地运动

孩子的身体发育还没有成熟，参加体育运动时，如果不加防备，很有可能对身体造成伤害。因此，家长一定要指导孩子进行安全、科学的运动。

虽然不能给孩子制定任务量，但一定要告诉孩子，让他们自己注意运动的量度。运动量过少就失去了运动的意义，运动量过大很有可能造成肌肉拉伤，损害身体。因此，家长要根据孩子的身体素质，为他们提供一个适合的运动量范围。帮助孩子在锻炼身体的同时，保护好身体。

另外，家长要教育孩子，在运动的前后，都要注意做准备和放松活动。运动前，做好热身运动，让身体提前进入运动状态，有效防止肌肉拉伤；运动后，做一些缓和的动作，调整呼吸，让身体重返静止状态。

养成良好的饮食习惯

高中生是处于生长发育的黄金时期，不仅身体发育需要消耗大量的营养，而且处于紧张的学习过程中也需要消耗大量的热量。在这一期间，家长要是不注意孩子的饮食习惯，既会影响孩子正常的生理发育，又会影响孩子的身体健康。因此，培养孩子养成良好的饮食习惯很重要。

致父母的话

高中三年正是孩子长身体的阶段，良好的饮食习惯必不可缺。因此，家长要教育孩子学会科学饮食，以免造成营养失衡。

生活小案例

沈音一直饭量就很小，而且不怎么喜欢吃肉。上了高中后，每天还是吃一小碗米饭。看着孩子骨瘦如柴的样子，妈妈非常烦恼。高中正是孩子长身体的时候，孩子每天吃那么一点，而且几乎不吃肉，肯定会阻碍身体的发育。

沈音不喜欢吃肉的原因，说起来还和她妈妈有关系。沈音出生后的几年，妈妈为了减肥，就很少再吃肉了。受到妈妈的影响，沈音从小就不喜欢吃肉。直到现在，因为母女二人都不吃肉，家里很少再买肉了。又因为家里零食、水果充足，她吃饭也吃得很少。

为了纠正孩子错误的饮食习惯，妈妈常常教育沈音，少吃零食多吃饭，偶尔她还会给孩子买点鸡鸭鱼肉等补补身体。但这些都起不到作用，沈音还是我行我素，每顿只吃一小碗米饭，夹几根青菜。买的鸡鸭鱼她也不吃，妈妈真是看在眼里，急在心里。

应对策略

现代家庭里的孩子，因为家人宠爱有加，多少都有点偏食、挑食的坏毛病。高中是孩子生长发育最快的阶段，如果孩子偏食、挑食的现象依然严重，身体摄入营养不足，肯定会影响到身体发育，健康状况也会下降，进而孩子的学习与生活也会受到影响。

孩子挑食的毛病并不是一时养成的，这种毛病虽然难以戒除，但只要家长有足够的耐心，用科学的方法一定可以对孩子的饮食习惯逐步改进，让孩子学会科学、健康地饮食。

1. 家长要做到不挑食、不偏食，给孩子树立一个良好的榜样

对父母的行为模仿是孩子的一种本能。饮食习惯也是一样，家长的饮食习惯决定了孩子的饮食习惯。如果家长有挑食、偏食的坏毛病，吃饭常常挑三拣四，那么孩子怎么可能进行合理膳食呢？所以，想要孩子不挑食、不偏食，首先家长要从自我做起。

陈磊一直有挑食的坏毛病，妈妈常常说他：“你这孩子，吃饭总是挑这挑那，好吃的能撑死，难吃的死不吃。看看你都瘦成啥样了，吃饭还那么挑。”

其实，陈磊挑食的习惯是跟爸爸学的，爸爸吃饭时，常常从碗里挑出不喜欢吃的东西。时间久了，陈磊也养成了挑食的毛病。为此，他们爷俩都犯了胃病。

为了给孩子做个表率，也为了家人的身体健康，爸爸下决心改正自己不良的饮食方式，吃饭再也不挑食了。半年之后，陈磊挑食的毛病也没有了，同时，爷俩的胃病都好了。

只有家长不挑食、不偏食，有一副好身体，对孩子进行饮食教育才会更加有效。为孩子树立一个饮食的好榜样，是每个家长的任务之一。

孩子偏食习惯的形成，主要是因为饮食不规律造成的。现在生活比较富裕，家长对孩子可以说是有求必应。特别是在吃的方面，孩子想吃什么零食，家长都会满足孩子，生怕亏了孩子的口福，这种情况恰恰破坏了孩子一日三餐的饮食习惯。孩子因为吃了太多的零食，到了饭时却不想吃饭，而零食根本满足不了孩子的营养需求。

陈刚是名高一的学生，回家后，总能见他手里拿着一包零食晃来晃去。什么饼干啦、炸馍片啦等，都是他小时候爱吃的东西，家人常常能听到他嘴里“咯吱咯吱”地响。但到了吃饭的时候，他就老实多了，半天才吃一口，家人劝他多吃点，他却说自己不饿。有时，还经常不吃早饭。

为此，妈妈说了他很多次，要少吃零食，可他却一脸无所谓的样子，说：“我小时候天天吃这些东西，您也没管过我，现在不一样吗？”这时，妈妈反驳说：“小时候和现在当然不一样！高中正是长身体的时间，你每天吃太多的零食，却不知道吃饭。零食里能有什么营养，如果以后你再不吃饭，我们就不会再给你买零食了。”

想让孩子养成规律的饮食习惯，一是要减少给孩子买零食；二是家长要学会做出好吃的菜肴，吸引孩子的胃口；三是要注意用餐时的氛围，吃饭时少提不开心的事，以免影响孩子的情绪。只有这样，孩子的饮食习惯才能慢慢变得有规律。

身体健康才是一切的基础，所以，保持合理的饮食习惯就非常重要了。

首先，一日三餐不可少。很多时候，贪睡的孩子总是起床后急急忙忙地整理之后，就迅速向学校赶去，因此不得不放弃早餐，这是不可取的。要知道，早餐对身体健康来说十分重要，因为它是人们上午工作或学习的能量之源。所以，早餐不仅要吃，而且还要吃好。同样的道理，一日三餐不仅必不可少，而且还需要按时按量吃。

其次，应当避免暴饮暴食。有口福固然可喜，但是如果为此而搭上肚子肿痛的后果就得不偿失了。很多时候，孩子们，尤其是女孩们更喜欢一边看电视一边吃零食，不知不觉中就吃下一大堆的东西，不仅容易发胖，也容易诱发胃病。

最后，一定要注意饮食卫生。在上下学的路旁，常常可以看到各种零食、烧烤、小吃摊贩，虽然有许多确实非常美味，但是他们的卫生状况却无从查证。而且在缺乏监管力度的情况下，很难保证不会吃到过期食物。

2. 教给孩子营养知识，让他们明白均衡营养的重要性

孩子上了高中以后，懂的知识逐渐增多，对事情的认识也更深入。当家长用合适的方法给孩子讲述一个正确的道理时，孩子也一定能接受。所以，家长可以找一些均衡营养的资料说给孩子听。而且，这一时期的孩子也开始有了爱美之心，家长告诉孩子只有合理膳食，才能让他们看起来更有活力，更吸引人。

李雪是个喜欢挑食的孩子，为了能让李雪认识到挑食带来的不良后果，妈妈给她买了很多关于合理膳食的书。不仅如此，闲余时间，妈妈还常和孩子一起听健康饮食的节目，孩子对饮食有了更加深刻的认识。

渐渐地，因为妈妈不停地教导，李雪耳濡目染，也懂得了偏食对身体不好。而且偏食还影响女孩子的容貌，她可不想成为一个面容苍白的营养不良者。于是，李雪主动改掉了挑食的坏毛病，开始了合理、健康的饮食。

其实，如果家长能够常常给孩子讲合理膳食的重要性，并举实例让孩子看到不健康饮食的危害，相信孩子一定能够理解家长的苦心。为了家长也为了自己，他们会主动改掉不良的饮食习惯，成为一个懂得合理膳食的好孩子。

培养孩子的自制力

有些孩子即使已经上了高中，但是自理能力依然很差，总是丢三落四，责任心不强，被动，做什么事情都要家长督促，自制力差，上课注意力不集中，不懂预习与复习。他们一般智商较高，但成绩不十分理想。管吧，太花时间；不管吧，他会做得更差，家长非常苦恼。究其原因，主要是从小家长包办的太多，孩子所感受的几乎都是“现成”的，用不着去“操心”。要让孩子自立，最好的方法是，把孩子当作是一个独立的个体来看待，而不能仅仅看作是被照顾的对象。应该充分相信，孩子一定能把事情做好。

致父母的话

高中生已经是大孩子了，学会自立是他们的必修课之一。只有管得住自己，才能自行安排好学习和生活。

生活小案例

案例1：

刘哲都已经上高二了，上课还是不能老实坐着学习，总喜欢和同桌说话，在台下搞小动作，这显然是一种缺乏自制力的表现。因为这事儿，老师已经批评他很多次了，可并没有起到什么效果。

其实，刘哲在家时也是如此，看电视没个完，如果不是家人催促，有时甚至能看一整夜。做作业更是马马虎虎，错误百出。在外面玩从来不知道回家，每次都是家人出来喊他。

而且，刘哲还有一个坏毛病，喜欢吃零食却不喜欢吃饭。回家后的第一件事就是打开冰箱，拿出两包零食，边吃边玩。到了吃饭的时间，他却不怎么动筷子了。妈妈说过他好几次，可每次一回家，他还是不由自主地开冰箱、吃零食。

看到孩子的自制力那么差，妈妈也不知道该怎么办。

案例2：

王琦升入高中后，还是和初中时一样散漫。作业经常忘了写，更不会去复习或预习功课。爸爸一说他，他却一脸的不高兴，还顶嘴道："我上初中时就这样，不也学习很好吗？你就不要瞎操心了。"看着儿子这样，爸爸知道硬和孩子讲道理是行不通的。干脆暂时先不管他，等到成绩下来，看他能考成什么样。

过了一个月，王琦参加月考，成绩一出来，他就傻眼了。在初中总是拿高分的他，这一次成绩竟然落到了班里的中等水平。看到孩子的成绩不理想，爸爸只是淡淡地说了句："上了高中后，光靠聪明是不行的，还要懂得管理自己。"

听了爸爸的话，王琦默默地低下了头。之后，他对待学习的态度再也不是懒懒散散的了。每天放学一回家，他就扎进房间里写作业、复习功课。在接下来的一次月考中，他的成绩又重新提了上去。

应对策略

自制力是指一个人控制自己情绪、支配自己行为的能力。自制力的强弱，也决定了一个人取得成就的大小。自制力强的人意志坚强，可以克制自己的欲望，抵挡住生活中的不良诱惑，可以学到更多的知识，也因此更容易成功。

然而，孩子因为心理发育不成熟，自制力一般不会太强。案例1中刘哲存在的问题，也是现在许多孩子的普遍问题，面对一点小小的诱惑，他们也会失去抵抗力。高中是孩子心理发育最快的三年，孩子长大以后，自制力的强弱与这三年的家教有很大关系。要培养孩子强大的自制力，家长应该怎么做呢？

1. 培养孩子的自制力，需要家长做榜样

孩子能不能学会自我管理，首先要看家长是个什么样的人。如果家长常常情绪不稳定，爱冲动，行动又缺乏自制，那么他再去教育孩子要学会自制，孩子怎么会听从呢？

家教能否起到作用，关键还是看父母的素养。孩子上初中和高中时，大部分空闲时间都是呆在家里，家庭环境会对孩子造成潜移默化的影响。

生活中，孩子最容易模仿的人就是自己的家长。只要家长的自制力非常好，多数孩子甚至根本不用教，自制力也会慢慢培养起来。

2. 教孩子学会调节情绪，增强自控力

一个人自控能力的强弱往往取决于他情绪的调节能力。孩子玩的时候不知道节制，很重要的一个原因就是，他们从来不想抑制自己的兴奋情绪。如果任由情绪发展，兴奋时，孩子会玩个没够；愤怒时，孩子可以让最好的朋友望而却步；消沉时，孩子便垂头丧气，甚至变得自卑、自闭。

情绪影响着一个人的理智和行为，高中生的情绪受到心理和身体的影响，调节情绪的能力也会比成人弱很多。所以，家长要教给孩子学会调节和控制情绪，以便提高他们的自我控制力。为此，需要家长和孩子间进行亲切沟通，让孩子正确认识到各种情绪产生的原因和作用。然后告诉孩子，人需要调节自己的种种情绪，任何情绪都不能走向一个极端，否则只会让人变得难以自制，成为一个毫无自制力的人。

另外，家长还要教孩子调节情绪的方法，主要的一点就是学会冷静对待各种事物。借此让孩子慢慢学会控制自己的情绪，提高情绪敏感度，变成一个有自制力的人。

3. 给予孩子一定的鼓励和夸奖，改变孩子懒惰的坏毛病

有些孩子自制力差的原因是由于懒惰心理。因为怕麻烦或是怕吃苦，很多事情任性而为。无论家长怎么说，孩子就是软硬不吃。任凭家长苦口婆心地劝说，他们都是一脸无所谓的样子。有时实在觉得家长烦，就直接躲到屋里把门一锁，怎么说也不出来。

当孩子拥有懒惰心理、对周围表现得漠不关心时，家长应该怎样提高孩子的自制力呢？对于这样的孩子，要抓住孩子们的共性：渴望夸奖。用夸奖和鼓励的办法，让孩子学会自制，改变懒惰的习惯。

我们可以注意到这样一类事情，当你在朋友或亲戚面前称赞自己的孩子懂事时，孩子就会表现得特别乖巧。夸奖对孩子来说是一种重要的精神奖励，如果孩子表现得比较懒惰，家长不妨找机会称赞孩子几句，用这种精神动力促进孩子对懒惰的克制。

4. 立一些规则，不能让孩子养成任性的坏毛病

现在的孩子因为都是独生子，从小就受到娇惯，多多少少都有一些任性的毛病。很多事情都是由着性子来，根本不计后果。想要改变孩子任性的毛病，需要家长和孩子沟通，然后立下一些约定和规则，让孩子严格遵守规则，这对于自制力的培养非常有利。

韩星平时是个听话的孩子，但有些时候也会耍一些任性的小脾气。他的作息很没规律，早上起床总喜欢赖床，家人叫好几遍，他才慢腾腾地从床上爬起来。晚上，他看电视看到很晚，家人也是催促多次，他才会睡觉。爸爸觉得，需要帮孩子锻炼一下自制力了。

到了高一暑假，爸爸和韩星商量，作息不规律会损害身体，也会影响学习。所以，爸爸给他规定了作息时间。如果他按时作息，会奖励给他一部分零花钱；而如果他不按时作息，家人催促一遍，就扣除一部分零花钱。韩星答应了。

在暑假的两个月里，韩星很快就改掉了作息不规律的毛病，自制力也增强了不少。

对于孩子任性的坏习惯，家长要在赏罚制度分明的情况下，给孩子制定一些行为规则。抓住问题的关键，让孩子改变任性毛病的同时，自制力也得到加强。

张开翅膀，让他独自飞翔

现在人们的生活水平大有提升，外出旅游似乎也成了家常便饭。但是，有几个家庭让孩子来对旅游路线进行整理规划呢？又有几个家庭让孩子参与到旅行事宜的准备中呢？溺爱孩子的家长大有人在。

致父母的话

有一种爱叫做放手，无论是家庭教育还是学校教育，教育的最终目的都是一样的。那就是希望孩子成为一名独立自主、自食其力的有用之才。所以，不要一直将孩子呵护在自己的翅膀之下。张开翅膀，给他独自飞翔的机会吧。

生活小案例

暑假到了，楚月和好友一起在一家奔赴英国的夏令营报名了。当楚月的父母送她出发的时候，不禁感到一阵担忧：孩子长这么大，从来都没有离自己这么远生活过，她能行吗？如果发生了什么意外，又该怎么办呢？

可是，父母看着一脸期盼的女儿，再看看四周女儿的同龄人，他们还是咬咬牙，狠心送女儿离去了。他们在心中暗暗安慰着自己：虽然女儿并没有真正独自生活过，但是在家中也并不是什么家务都不做的“小公主”，应该不会出什么问题吧。

很快，夏令营结束了。回到家后，女儿给父母讲了一件在英国发生的有惊无险的事情。刚去英国没多长时间，夏令营中就有一个小伙伴要过生日。那天，大伙聚在一起开了一个盛大的庆祝晚会。当晚会结束的时候，已经非常晚了。当时，楚月和另外一名女孩寄宿在一个位于郊区的当地人家中。她们结束晚会后，就立即乘坐公交向住宿的家庭赶去。可是，当她们下了公交之后，却发现四周的景物似乎都是陌生的，她们迷路了。不得已，两个女孩用路旁的公用电话给住宿的家庭打去。可是，接电话的主人却根本不相信，两个这么大的女孩竟然会迷路，所以她拒绝外出寻找她们。听着话筒里传来的“嘟嘟”忙音，两个女孩无奈极了。随后，她们又给带队老师和警察分别打了求救电话。可是，由于她们无法准确说出自己所处的位置，带队老师和警察也感到有心无力，不知该如何是好。看着四周黑漆漆的景物，处在异国他乡的两个女孩急得连眼泪都要流了出来。就在两个女孩着急得不知该怎么办的时候，一辆警车从路上开了过来。楚月马上跑到道路中间将警车拦了下来，然后掏出口袋里写有住址的字条向警察求助。她们这才脱离困境，回到了寄宿的家庭。

看着女儿一脸平静地讲述着那个有惊无险的经历，父母感到既心疼又欣慰。他们知道，这次夏令营让女儿学到了许多东西。同时，父母也从女儿的讲述中感到，他们自己仿佛也学到了许多。

应对策略

独立，并不仅仅是能够自己做一顿饭、洗干净衣服、按时完成作业那么简单。独立，更重要的是对孩子能力和思维的培养。

1. 及时调整情绪

如果因为不小心错过了夕阳，那么就不要因为沮丧而失去了月亮。孩子的世界大多比较单纯，他们不需考虑太多琐碎的事情。也正是因为如此，他们往往更在意一件事情的得失。所以，引导孩子在失意时调整自己的情绪也十分重要。

2. 关心他人，但不依赖他人

人都是群居性动物，我们在关心他人的同时也享受着来自他人的关心。但是这并不意味着，我们就可以完全将自己的事情寄托在别人的身上。

就像案例中的楚月一样，如果她心中没有依赖心理，在出发之前她一定会再三熟悉回“家”的路径，或者牢记周围的标志性建筑。如果她这样做了的话，就不会出现在街头痛苦、徘徊的场景了。

此外，独立还意味着，当孩子面临从未经历过的难题时，他能够独自想出可行的解决办法，最终让自己成功脱离困境。

只有做到了以上几点，孩子才能够做到真正的独立，才能够在今后的生活中笑傲风云。

生活有苦有甜

生活就是一种教育。在现代家庭里，从来不做家务的孩子大有人在。这也形成了社会上的一种特殊群体：啃老族。孩子进入社会以后，万事还是依赖父母。“啃老族”的形成，就是因为孩子从小就接受不正确的教育方式。家长受到“万般皆下品，唯有读书高”的观念影响，忽视了对孩子的劳动教育，万事大包大揽，让孩子养成事事依赖别人的精神残疾。

致父母的话

对于孩子来说，家庭就是他们成长的沃土，而家庭劳动也是孩子成长的必需元素。让孩子去做家务，不仅能让他们学会吃苦，更能让他们体谅到父母的辛劳与不易。

生活小案例

周日中午，张培在家里做作业，而妈妈正准备对家里进行一次大扫除。妈妈对张培说："小培，一会要洗衣服了，你把卧室里的被罩和床单拿出来。"张培头也没抬地回道："妈妈，我正忙着写作业，你自己弄吧。"

听女儿这么说，妈妈有些不高兴，毕竟孩子都上高中了，怎么能不帮忙做一点家务，将来考入大学，住校以后可怎么办？于是，妈妈来到女儿身边，语重心长地说："小培，你现在已经上高二了，该学会做些家务。不然大学住校后，谁来帮你做这些事啊？"

"妈妈，我记得小时候想主动做点家务，你一直不让。想帮忙做饭，你怕我弄不干净；想帮忙刷碗，你怕我打碎了碗；想帮忙洗衣服，你又嫌我洗不干净。今天怎么突然要求我来帮忙了？"张培不解地问。

"小时候这些事情还不该你做，但现在你已经长大了，如果不学会自理，以后怎么适应独立生活啊？到了你这个年龄，学会做家务也是你的必修课之一啊。"

"嗯，好吧，那么从今天起，就让我来做妈妈的家庭小助手。"张培放下书本，加入到了妈妈大扫除行列。

应对策略

让孩子做一些家务，不仅不会影响学习，还会帮助孩子培养吃苦耐劳的优良品质。特别是孩子上了高中以后，他们已经具备了做家务的能力。通过做家务，可以让孩子学会承担家庭责任，学到很多生活必备常识，更有助于培养孩子的独立性格，促进孩子全面发展。

但说起让孩子做家务，有的家长难免犯愁。因为孩子从小就娇生惯养，现在让他们做这些事情，他们怎么会愿意呢？对此，家长可以试试以下方法。

1. 给孩子吃点懒惰的苦头，让他们学会主动做家务

前苏联知名教育家苏霍姆林斯基说："不要把孩子保护起来而不让他们劳动，也不要怕孩子的双手会磨出硬茧。要让孩子知道，面包来之不易，这种劳动对孩子来说是真正的快乐。” 对于家务，家长要有意识地让孩子学，不要认为很多事情孩子长大了就自会明白。小时候养成了坏习惯，长大后更改不了了。

家长千万不可惯着孩子，如果孩子因为懒惰而不愿做家务，一定要想方设法给孩子吃点苦头，让他们懂得学会做家务的必要性。

李铭今年上高一，别说帮家里人做家务，他连自己的衣服也不愿意洗。平时，他的房间里总是一团糟，课本、钢笔、作业纸扔得到处都是，床上、写字台旁、地上丢的全是垃圾。每天，一打开他的房门，妈妈都看不下去，只能帮他打扫。

一天早上，该去上学了，可李铭还在房间里急急忙忙地找英语课本。他一边找，一边对妈妈发牢骚：“我都和您说了多少次了，别整理我的房间，东西乱我才能找着。现在可好，您整理完后，我的课本就不见了。”过了一会，妈妈帮他找到英语课本后说：“你的房间乱得都不能看，客人来了影响多不好？你不收拾，以后我还得收拾。”

就这样，李铭连着好几次找不到东西后，只要看见妈妈进自己的房间，他就忙说：“别动，我自己来。”慢慢地，李铭似乎开始习惯上了收拾东西。有时家里人不在，他一个人也会把家里收拾得干干净净。

孩子的懒惰多数都是家长养成的，但只要家长使一些小心思，让孩子尝到懒惰的“苦头”，那么他们就会学着主动做家务，以免以后再吃“苦头”。

2. 多几句赞扬，让孩子在劳动中获得肯定和快乐

让孩子吃苦，可以迫使他们去做家务。但是，教育孩子的方式，赞扬显然要比吃苦来得更有效果。当孩子帮家长做家务的时候，哪怕是再小的事，家长也要记得给予表扬。

小时候的刘苗是个爱劳动的孩子，但上了高中以后，好像变得有些懒了。以前，她总是主动抢着做家务。可现在，叫她几声，她也懒得应一下。

一天晚上，妈妈因为回家很晚，刘苗只好自己做了晚饭。回家后，妈妈看到女儿已经做好晚饭，连连赞扬道：“我女儿长大啦，终于知道疼妈妈了。”虽然晚饭做得很难吃，但妈妈还是吃得非常高兴。

也是从这件事后，刘苗似乎又变回了以前的样子，开始主动帮忙做家务。妈妈为此见人就夸，母女俩的关系变得更融洽了。

对孩子赞扬几句看似无关紧要，但这种肯定恰恰能激发孩子自尊自强的心，让他们主动学会做家务，担起家庭责任。

3. 给孩子一点奖励，“引诱”他们参与劳动

很多时候，家长都会把奖励与孩子的成绩联系起来。而这一点，放到做家务上，同样有效，而且教育效果更佳。给孩子零用钱时，家长可以把零用钱的数量与家务联系起来，让孩子明白，金钱是靠劳动获得的，减少孩子不劳而获的心理。

张谦最近搬了新家。刚住进新房时，妈妈想请个工人打扫房间，每小时20元。爸爸知道后，决定把这件事交给张谦，条件是每小时25元。张谦高兴地接受了，然后马上兴致勃勃地干起活来，把房间里的每个角落都打扫得非常干净。

这一次打扫卫生不仅调动了张谦劳动的积极性，还让他明白了赚钱的辛苦。而且，钱还落入了自家人的手里，一举三得，一家人都很高兴。

孩子愿不愿意做家务，关键还是看家长能否加以引导。孩子上了高中以后，家长一定要学会放手，让孩子处理好自己事情的同时，开始帮忙做家务。劳动教育可以让孩子走出家长的庇佑，学会自理，学会独立。

内在动力来源于家庭

一开家长会，很多家长就会抱怨，孩子学习不积极，上课注意力不集中，不认真听讲，爱讲话、开小差。怎么能让孩子主动学习？孩子粗心马虎，考试不是看错就是看漏，明明简单会做的题也丢分。

其实家长自己才是孩子最好的老师，学校主要负责传授孩子知识，决定孩子学习成绩的“内动力”源于家庭教育。同样一颗种子，在贫瘠或肥沃的土壤中成长，其结果必然是天壤之别，而正确的家庭教育就是催发动力，造就人才最好的土壤。“内动力”被激活的孩子，不用催，不用盯，他们会自动自发学习，劲头十足，成绩突飞猛进。

致父母的话

高中的孩子就像是在跑道上奋力前行的运动员，他需要用尽全力，将一个又一个的对手甩向背后。而家庭就是孩子全力前进的动力源泉，所以，孩子需要父母的鼓励和支持，同时也需要父母为他营造一个和谐的生活氛围。

生活小案例

晚饭过后，班主任去教室“坐堂”。教室里大家都在奋笔疾书，有的人在整理自己的笔记，有的人在总结今天的收获，有的人定好时间，再一次向试卷发起进攻，有的人……班主任的眼睛中闪过一道失望，她竟然看到一个男孩趴在课桌上睡觉。

班主任走到那位男孩的身旁，敲了敲桌子，示意男孩随她到办公室去，男孩照做了。

在办公室中，班主任还没有说话，男孩抢先开口了：“老师，我知道您要说什么。不过，您还是别鼓励我了，我知道自己的情况，是无论如何也考不上好大学的。”

男孩的话，让老师不知说什么好了。她知道男孩的情况，男孩虽然不属于班里一流的学生，但是他的思维特别敏锐，常常能够别出心裁，引来一阵赞叹。班主任相信，像男孩这样的高三学生，只要再努力一把，再拼一把，还是非常有希望的。

为了转变男孩的情绪，班主任进行了一次家访，但是这次家访的情况让班主任彻底失望了。家访中，班主任了解到，男孩的父母在同一家工厂上班。最近一段时间里，工厂将对全厂职工进行一次职业考试，通不过的员工将被辞退。

在整个家访过程中，班主任甚至感觉，男孩的家长根本就没有心思去关注男孩的状况。男孩的家长对这次考试非常重视，他们甚至重视到绝望。他们觉得自己肯定通不过这次考试。但是，如果被工厂辞退了，那全家人今后的生活又将怎么继续下去？班主任甚至能够感觉到，他们家的空气中都充满了压抑和悲伤。

眼看一次家访就要这样结束，班主任只好为男孩的父母出了一个主意："你们可以让儿子作辅导老师，然后一家三口在一起学习啊。而且，从现在就开始，时间完全来得及，你们一定会成功的。"

但是，看着男孩父母丝毫不见波澜的眼神，班主任只感觉，自己的话完全白说了。

应对策略

在以上案例中，男孩父母面对生活的悲观情绪已经完全影响了男孩，让他在即将到来的高考面前产生了一种无力感，甚至已经在自己的心中完全否定了自己可能的成功。有一句话是这么说的："心有多大，舞台就有多大。"如果说，曾经的男孩还有一半的几率可以考入大学，那么现在，男孩已经完全失去希望了。

所以说，处于高中阶段的孩子，他们并没有完全独立，家庭中的氛围仍然对他们的言行起着决定性的作用。因此，建议家有高中学子的父母一定要处理好家庭的氛围，给孩子营造一个温馨、巩固的"大后方"。

1. 积极向上的面貌

就像案例中那位班主任所说，男孩父母所面临的职业考试，对高三的男孩而言，并不是太大的难题。只要他们肯努力，那么在男孩的辅导下，通过考试的几率将会大大增加。

此外，如果男孩的父母能够以积极向上的心态进行学习，不仅能够增加通过考试的几率，而且，他们与儿子在一起学习的场景还能够对儿子的学习进行激励，从而使男孩更加用心、努力地投入到学习之中。

2. 温馨、和谐的氛围

我们曾说："家是温暖的避风港"。父母之间存在不同意见是非常正常的事情，就如同锅碗瓢盆，居家过日子，又怎能避免得了磕磕碰碰。但是，出现了问题之后，争吵、打闹、摔东西就完全不应该了。

或许，家长的心中认为自己的行为不过是在发泄一种愤怒之情，是一种正常的情感宣泄。但是，请不要忘记，在你们的身旁，还有一名人生观、价值观正处于发展期、定型期的孩子，他对人生和社会的看法很大程度上都会受到你们的影响。

如果一个家庭中父母常常发生争吵，那么，家庭中的孩子很容易产生一种被抛弃、无人重视的感觉。久而久之，孩子就会完全丧失努力奋进的动力。反之，如果父母之间和谐相处，所有的事情都能够得到妥善解决，那么，家庭中不仅会产生一种温馨的氛围，父母的心情也会开心、愉悦许多。更重要的是，稳固的“大后方”能够给孩子带来强大的自信，给孩子提供源源不绝的动力。

小心，危险无处不在

每一个家长无时无刻不在担心孩子在与外界接触中会受到伤害，不知道会对孩子说多少个这个危险，那个要小心的。因而家长每天不知要对孩子说多少次“不可以”，一天内要禁止孩子做多少事。久而久之，有的孩子安全意识淡薄，仍然会犯同样的错误；有的孩子则产生一种恐惧的心理，干什么都是小心翼翼；有的孩子则把自己的安全问题，完完全全地交给家庭，交给社会，认为这个问题不是他们所考虑的，从而就很少关心安全问题。

家长们都愿孩子终生平安与幸福。要达到这一目的，防患于未然，就要加强对孩子的安全教育。

致父母的话

生活之中，危险无处不在。我们所能做的，就是在今后的生活中更加谨慎和小心，将那些潜在的危险消除于萌芽之中。作为父母，当尽可能为孩子提供一个安全的生活环境，并教孩子练习各种各样自我保护的方法和技能。

生活小案例

惠竹很喜欢小动物，每次看见毛茸茸的小狗、小猫总是兴奋地尖叫。有时候，她对眼前的小动物实在喜欢，就会忍不住伸手去摸。对此，惠竹的妈妈不止一次地批评过她。妈妈告诉惠竹，虽然小狗、小猫看上去非常可爱，但是当你伸出手去触摸它时，就相当于“侵犯”了它的身体，它就可能会做出攻击性的反应。

对于妈妈的这些忠告，惠竹从来就没有当作一回事。在她的心中，那些毛茸茸的小狗、小猫，根本就不会做出攻击性的动作。她想：“它们那么可爱，怎么会做那么残忍的事情呢？妈妈肯定是担心我会将它们带回家才这样说的。”

可是，有一天，妈妈说的话却应验了。那天，惠竹正走在上学的路上，忽然，她看见不远处的树荫下躺着一只纯白色、毛茸茸的小狗。惠竹忍不住走到小狗的身旁，看着这个可爱的小家伙。小狗似乎也感觉到了惠竹的注视，它抬起头，用水汪汪的大眼睛看着惠竹，样子可爱极了。惠竹又爱心泛滥，忍不住伸出手想要摸一摸这个可爱的小家伙。可是就在惠竹的手刚摸到小狗的身上时，白色小狗忽然一转头，一口咬在了惠竹的手上。

好在小狗并不是很用力，它咬了惠竹之后，便立即转过身迅速远离了惠竹。看着已经开始流血的手，惠竹立即给妈妈打了个电话，然后由妈妈带着去医院进行包扎、打针。路上惠竹想起了妈妈平日里的告诫，她告诉自己：以后一定要小心，这样的错误一定不能再出现了。

应对策略

就像是上述案例一样，在生活中，对于那些陌生的小狗小猫，我们可以喜欢，可以夸奖，但是千万不能过于接近。因为，对我们而言，无论那些小狗小猫有多么可爱，但是，它们的秉性我们不知晓，如果贸然抚摸，就有很大可能会出现上述案例中的现象。而生活中的危险，远远不止于此。

1. 水的危险

如果居住的小区会不定期停水的话，那么主人一定要注意保持下水道的通畅，还应当时时检查水龙头，确保水龙头处于关闭状态。

曾经有一户人家，由于在停水时打开了水龙头，之后忘记关闭，然后一家人外出离开了。当这户人家返回的时候，才发现楼道里好多水，而且水的源头竟然是从自己家里出来的。他们急忙打开房门，发现家里已经成了“一片汪洋”。

更让这家人感觉闹心的是，楼下的邻居也找上门了。原来这场水灾不仅对自家造成了巨大的损失，也让邻居遭受了“飞来大祸”。由于双方在赔偿问题没有达成一致，最终双方决定用法律来解决，这严重伤害了邻里关系。

所以，应当让孩子从小就养成细心、谨慎的习惯，将粗心大意出现的概率降至最低。

2. 食物的危险

当孩子离开家，开始集体生活的时候，他们大多数的时间都会在学校或者外面的餐馆就餐。这时，食品安全就已经超出了父母可以控制的范围。所以，一定要在日常生活中帮助孩子养成鉴定食物安全的习惯。

曾经就出现过，由于餐厅里做的饭菜中有未熟的豆角。只有极少一部分人因为豆角过硬没有吃，而许多其他在那个窗口打饭的同学都出现了呕吐、腹泻等食物中毒现象。

除了未熟的豆角之外，其他像生芽的土豆、野蘑菇、不熟的西红柿等都可能带毒，都是应当尽量避免的食物。这些，都是需要孩子深知熟记的。

3. 气的危险

如果家庭中做饭用的是天然气，也应当提醒孩子在做饭时多加注意。天然气虽然用着比较方便、洁净、环保。但不可否认的是，天然气也能让人窒息而亡。

曾有一户人家，晚上他们两人将水壶放在天然气灶上热水，之后去大厅看电视了。由于看得入迷，两人都忘记了烧水的事情。直到第二天早上，邻居觉察情况不对，报警之后才发现，那两人都已经窒息而亡了。

除了这些危险之外，生活中还有许多其他危险。比如：火带来的危险，不小心从台阶跌下来，路过悬空的广告牌时被砸，等等。

所以，一定要让孩子从小就懂得规避危险，养成谨慎、细心的好习惯，将周遭的危险消灭于无形之中。

旅行在路上，我们看到的不只是风景

何为旅行？旅行不只是一次出行，也不只是一个假期。旅行是一个过程，是一个自我发现的过程。真正的旅行让我们直面自我。旅行不仅让我们看到世界，更让我们看到自己在其中的位置。究竟，是我们创造了旅行，还是旅行造就了我们？

高中时期的孩子是接触新鲜事物的最好时期，如果不去接触未知的世界，仅仅生活在学校的那个小圈子里，那孩子的世界只有那么小小的一片天地，就连好奇心也将消失不见。如果家长有条件，真的很有必要经常抽空带着孩子一起去旅行，去触摸大自然的风，去放眼远方的地平线。

致父母的话

读万卷书，行万里路。旅游，我们不仅可以欣赏不同地域的美丽风景，也可以认识不同性格的朋友，还可以体验不同风俗的生活。这不仅是假期的一种放松，也是对人生思考的一种财富。

生活小案例

兰宇的父母非常重视孩子的课外生活，在他们的带领下，兰宇不仅阅读了许多课外书籍，还去过许多不同的地方。兰宇的父母一直觉得，虽然读书可以丰富孩子的业余生活，可以让孩子了解更多未知的事情，但是旅游更能够加深孩子对书本中知识的理解与运用。

最初的时候，兰宇的父母带着兰宇一起跟着旅行团外出。可是，这样的旅游进行过两次之后，兰宇的父母就决定，以后不再跟着旅行团一起行动了。因为，他们发现，旅行团的外出果真就跟曾经听过的顺口溜一样：

"上车睡觉，下车撒尿，景点拍照，一问，什么都不知道！"

兰宇的父母觉得，这样的外出已经违背了旅游的初衷，不仅无法放松，反而在旅游结束之后，身体更加疲惫了。于是，他们决定，以后的旅游换一种方式进行。或者自己一家独自外出，或者和兰宇同学的家长一起组织一个团体外出。

改变了旅游方式之后，兰宇的父母才真正感觉到了旅游的收获。他们不仅有大把的时间欣赏各个景点的美丽，有时候还会在风情各异的小镇生活一段时间。有一次，兰宇一家外出时就住到了一个偏远的小山村中。

兰宇看到他们居住的那户人家每天的燃料都是木材，他有些奇怪，便问妈妈："他们为什么不烧煤呢？烧煤不是既干净又快捷吗？而且他们这样砍伐树木用作燃料不是属于破坏森林的行为吗？"妈妈没有直接回答兰宇，而是示意他自行上前询问。

主人在听到兰宇的疑问之后，让兰宇帮忙算了一笔账，他们一家人每天吃饭、洗衣，还有冬天取暖，如果用煤来做燃料的话，每年大概需要多少钱。在兰宇念念有词计算时，主人又说出了他们家庭一年总共的收入。前后两者之间的差距让兰宇瞪大了眼睛，他这才知道，原来之前认为的环境保护意识薄弱，仅仅是迫于生计罢了。

而且，在外出旅游的途中，兰宇还遇到许多前来中国旅游的外国游客，虽然双方的交流并不流利，但通过那些蹩脚的中文、英文，大家还是聊得非常开心。兰宇也因此知道了许多国家真正的生活情况。

应对策略

旅游，不仅是一段紧张忙碌的工作和学习之后的放松，不仅是对祖国大好河山和美丽风景的向往，更是一种对陌生生活和新生事物的了解与接纳，更是一种与现有生活之间鲜明的对比。旅游还可以带来许多的益处。

1. 放松心情

无论是家长还是孩子，在一段忙碌的工作和学习之后，每日紧绷的神经都需要进行放松。而这个时候，趁着假期的来临，外出进行一趟旅游，远离每日三点一线的生活，踏入一个相对陌生的环境。美丽的大自然风光将消除掉心头积累的那些疲惫，给自己的动力系统充电。从而在旅游结束之后以更加积极的心态去面对工作和生活。

2. 促进亲子关系

一家人一起外出，孩子的身旁只有父母两个熟悉人的陪伴，无形之中就会让孩子在心中对父母更加依赖。而且，在旅游的过程中有许多需要相互帮助的地方，不仅可以让孩子学会面对困难，还可以为孩子提供帮助父母的机会。

这些互动的行为可以让父母与孩子在笑闹之间促进彼此的关系，而不是在家里像青春期遇到更年期一样，分分钟不得安宁。

3. 扩充知识面

外出，不仅可以欣赏到美丽的风景，体会到厚重的人文历史，也可以将书本中学到的知识一点一点体现在现实生活中。此外，由于亲身参与，在孩子心中将对这些经历更为深刻，对相应的知识也将掌握得更为牢固。

随着社会的发展，越来越多的孩子生活在繁华的都市，他们或许能从书本、电视和电脑中学习到每一天所吃的粮食、蔬菜从何而来。但如果没有亲身经历，孩子们仍然无法区别韭菜与麦苗。

4. 锻炼身体及意志

外出的道路并不是一马平川的，不是所有的道路都可以依靠汽车、缆车等代步工具。这个时候，我们能够依靠的就只有自己平日里缺乏锻炼的身体了。这不仅是一种对身体的锻炼，也是一种对意志的锻炼。

我们相信，每个人的潜力都是无穷的。就如同外出旅行时，大家共同向上攀登，在路途中，我们会汗流浃背、筋疲力尽，但是，在一番努力之后，当大家到达顶峰，向四周环顾时，就会惊叹：原来，我也可以将这座巍峨的高山征服！

5. 更容易独立

每一次的外出，都会有大量的事情需要考虑。但是，如果这种考虑频繁出现，那么就会形成一种习惯。当孩子再次面对这种情况时，他很容易就能够将需要考虑的事情做好。久而久之，孩子不仅能够处理这些生活中的琐事，而且，当面临一些突发事件时，他也能比其他孩子更迅速地寻找到适合的解决方案，独立生活意识更强。

学习篇

同孩子一起学习，为孩子做出榜样

决定教育结果的不是教育者的努力，而是教育者自身提供的榜样。打麻将成瘾的家长是无法教育出一个爱学习的孩子。想要孩子有一个好的学习态度，家长首先要有一个爱学习的态度，能与孩子一起学习，哪怕学习的不是一类知识。但是孩子看见家长每天都在学习，也会受到熏陶，孩子潜意识里面就能慢慢养成好的学习习惯。

读万卷书，行万里路

孩子的阅历提高，仅仅靠读书是不能完全解决的。古人提倡“读万卷书，行万里路”，借此提高和丰富人生阅历。行路和读书的效用是完全不同的，走出家庭和课堂，投身于自然和社会之中，通过对美景和生活的感悟，进而获得更多的成长。

致父母的话

读书可以增长孩子的才学，行路则可以增长孩子的见识。在现代社会中，成功不仅需要学历，更需要阅历和能力。家长要让孩子尽早养成多读书、多行路的好习惯，以便孩子将来更加轻松地步入社会之中。

生活小案例

周六中午，陈墨在家里写作文。一直以来，作文都是陈墨的弱项，每次对着作文题目，他都是半天也憋不出来一句话。这次也不例外，老师出的作文题目是《记一次美妙的旅行》，陈墨呆坐了一个小时，还是不知道该如何下笔。

妈妈在一旁观察了好久，看着孩子咬着笔头，抓耳挠腮的样子，她也不禁有些着急。妈妈走到陈墨身边问：“怎么样？作文写出来没有？”“唉！”陈墨叹了口气，“完全不知道该往哪里写。您看看这题目《记一次美妙的旅行》，我印象中，好像自己没怎么出去旅行过呢？”确实，巧妇难为无米之炊，陈墨本来就不擅长写作文，现在让他写自己从来没有经历过的事，他又怎么能写出来呢？

听了孩子的话，妈妈突然意识到自己忽略了孩子的生活积累。特别是在陈墨上了高中以后，她就很少带孩子去逛公园或广场了，至于去各地风景区游玩，那更是从来没有过。

“小墨啊！这都是妈妈的错，我保证，不管以后有多忙，都会常常带你出去旅游。但平时你自己也要多出去转转，我们家附近有一个公园，清闲的时候，你可以去那里多走走。在外面走动多了，才能积累更多的生活素材，写作文时也就不用发愁没东西写了。”

“嗯，我知道。因为天天闷在家里学习，每次写作文都没东西可写，是应该多出去转转。”陈墨回答道。

这时，妈妈又说：“多积累生活素材是写作文的一个方面，除此之外，你还应该多看看课外书，多读些名著和名家写的散文。经历‘读万卷书，行万里路’后，再写作文就简单多了。”

应对策略

相信很多孩子都遇到过陈墨的这种情况，在写作或学校里举办一些课余活动时，无话可说，没东西可写。而产生这种现象的根本原因是由于孩子阅历太浅。孩子上了高中后，家长们更加看重分数，常常逼着孩子学习。至于旅游和逛街这种事情，似乎从来都和孩子没关系。就连孩子看课外书，家长也会出手阻挠：“看这都是什么乱七八糟的，不赶紧去学习。”在一些家长心里，只有做到“两耳不闻窗外事，一心只读圣贤书”的孩子才是好孩子。

当然，家长的这种想法也可以理解，孩子升入高中以后，学习难度增加、学习任务加重，孩子想取得好成绩，必须努力学习。但家长忽略了一个问题：现代的社会对学历的重视程度逐渐降低，对阅历的重视程度逐渐增加。一个只知道学习的书呆子和一个能说会道的人比起来，显然后者更受欢迎。

而且，阅历丰富的孩子身心会更加健康，辨别是非、抵抗挫折的能力也更强。所以，家长在指导孩子学习的同时，一定不能忽略了对孩子阅历的培养。

1. 鼓励孩子多接触课本以外的知识，让孩子养成常读课外书的好习惯

孩子们在学校里学习的知识，都离不开课本。虽然课本可以教给人知识，但却难以帮助孩子开阔视野。因此，想让孩子懂得更多的道理，就必须鼓励孩子多接触课本以外的知识，看课外书、看杂志、看报纸都行。只要能帮助孩子开阔视野，家长都要给予支持。

有些家长可能会担心，如果孩子总是看一些与学习无关的东西，会不会耽误孩子的成绩？这一点，需要家长把握好尺度。也就是说，家长推荐和鼓励孩子所学的课外知识，必须是有利于身心健康的。例如，课外书可以推荐孩子看四大名著，杂志可以推荐孩子看《读者》《意林》等。

如果家长感觉实在不好把握这个尺度，可以向老师求助，问问他们这一时期的孩子应该读哪些课外书。在老师的推荐下，给孩子买来相应的书籍。孩子多读书，读好书，他们的心理发展也会更健康。这样不仅不会耽搁学习，还可以为孩子提供更多的学习动力。

2. 常带着孩子出去走走，让他们体味书外之书

课本中的知识，很容易带给人一种枯燥和厌烦感。但自然和社会生活中的知识就不一样了，孩子在欣赏美景或处理问题的过程中，就能学到知识，增长见识。

但很多孩子可能是接受了太多老师和家长的教导，每天回家以后，就闷在屋子里看书，对外面发生的事不闻不问。他们确实成了大家眼中的好学生，但却因此丢失了更多不该丢失的东西。为此，家长可以鼓励孩子多出去走走，在假期时，还可以带孩子到风景区游玩，给孩子更多接触自然和社会的机会。

总的来说，关于孩子的教育，家长必须要清楚一点，阅历和知识都不可或缺。知识来自学习，而阅历则来自多读书、多行路。因此，家长要学会给孩子更多的课外时间，让孩子的知识和阅历更加丰富吧！

兴趣是学习最好的老师

被喻为“科学巨人”的牛顿在苹果树下看书时，从一个苹果成熟落下而引发了联想。试想一个苹果掉下来是一件怪事吗？不，它很常见。但别人也没有去注意它，因为觉得没有什么大惊小怪的，苹果不掉下来难道飞上去吗？正是牛顿对这个别人不在意的问题有了浓厚的兴趣，既而发现了“万有引力”定律。

学习是自力的步履，需要探索、琢磨、积极应战、顽强应战，艰辛由孩子独自承担，胜利由孩子独立取得。要想让孩子好好学习，首先得让孩子对学习产生兴趣。

致父母的话

孩子能不能学习好，主要看他有没有学习的兴趣和求知的欲望。如果孩子觉得学习枯燥无味，不愿意投入其中，又怎么能够取得好成绩呢？

生活小案例

赵麟今年上高二，是一个很老实的孩子。他平时几乎不怎么与人交流，即使在课余时间，他也总是一个人静静地趴在桌上看书。看上去他学习很用功，但奇怪的是，每次考试，他的成绩都不怎么理想，一直在班里的中游水平徘徊。

老师也觉得很奇怪，他翻看赵麟的作业和笔记时，发现赵麟把知识点都记得很清楚，而且习题也全部都好好完成了。据赵麟的家长说，孩子回去后也每天把自己关在房间里学习。明明这么努力学习的一个孩子，为什么成绩就是上不去呢？

在一次家长会上，老师和赵麟的爸爸进行沟通，当时赵麟也在场。于是，老师对赵麟说："赵麟同学，我们都知道你学习很用功，可成绩却一直不是很好。你能不能告诉我，你在学习上到底出了什么问题？"老师说完，赵麟看了看他爸爸，一副想说又不敢说的样子。老师看到他有些犹豫，马上鼓励道："今天难得老师能和你家长在一起，有什么为难的事就直接说出来，这样我们才能帮到你啊！"

赵麟又看了爸爸一眼，爸爸也是微微点了点头，于是，他鼓起勇气说："其实，我对学习根本提不起来兴趣。每天我在看书、做习题的时候，都是在强迫自己。因为在家里，妈妈总是检查我的学习情况，如果学习不努力，她就会狠狠地训我。"说到这里，赵麟又低下了头。

这时，赵麟的爸爸叹了口气说："哎！我们为了让孩子学习好，也是费尽了心思，可孩子的注意力就是难以放在学习上。其实小麟他妈妈也知道，孩子每天回家后，表面看上去一直在学习，可内心根本就没有放到课本上。为了能让孩子努力学习，她就每天逼着孩子看书。”

“原来如此，我大概知道赵麟的成绩一直上不去的原因了。”老师恍悟道，“因为对学习不感兴趣，他的学习效率非常低。这样即使花再多的时间学习，也于事无补啊！”接着，他对赵麟的爸爸说：“作为老师和家长，现在，我们最大的任务不是看着孩子学习，而是想办法激发孩子的学习兴趣。”

应对策略

“知之者不如好之者，好之者不如乐之者。”兴趣是学习最好的老师，它可以让孩子学习时更加专心，进而激发孩子的记忆力、观察力、理解力和想像力，让孩子的学习过程充满轻松和愉快。一个对学习感兴趣的孩子，能够让学习事半功倍，很容易就能把成绩提上去。

有些家长说：“学习不就是一件枯燥的事吗？怎么才能激发孩子的兴趣呢？”对于这一点，家长们首先要改变自己对学习的误解。枯燥无味并不在于学习本身，而是在于孩子对待学习的消极态度，在于孩子学习后未取得理想结果。兴趣不是与生俱来的，要靠家长后天的培养。如果家长用强逼的办法让孩子学习，那么结果可想而知。孩子的学习态度不端正，把学习当成一种敷衍，又怎么能够取得好成果呢？案例中赵麟虽然努力学习，成绩却一直上不去的原因就是如此。

压迫和兴趣都能够成为孩子学习的动力，但二者造成的结果也是千差万别的。那么，作为高中生的家长，我们应该怎么做才能让孩子提起对学习的兴趣呢？

1. 教孩子把生活和学习联系起来，让知识变得不再枯燥

只要用心观察我们不难发现，孩子所学的很多知识，都能够在实际生活中找到影子。而当孩子把所学的东西运用到生活中的时候，那么知识就拥有了实际意义，这可以引发孩子更多的思考，引起孩子的求知欲。

李津上了高中以后，对学习的兴趣减淡了不少，特别是数学中的几何，抽象思维每天都把他搞得头昏脑胀。最近，只要提到上几何课，他就感到心里发怵。

爸爸知道这些事后，开始想办法帮孩子培养学习几何的兴趣，在日常生活中，让孩子接触一些几何常识。一次周六傍晚，房间里的灯坏了。于是，爸爸叫李津帮忙抬一个三脚架梯，李津抱怨说："你把扶梯靠在墙上，不比抬这个容易多了？"爸爸说："儿子，三脚架梯和两脚扶梯相比，哪个更稳当？""当然是三脚架梯。"李津想都没想地回答说。

"这是为什么呢？"爸爸故作不解地问。"三角形比别的图形稳定性更强。"李津答道。听孩子这么说，爸爸连忙夸道："儿子的几何学得不错啊！"儿子脸一红，不好意思地低下了头。之后，爸爸常常提醒孩子注意生活中的一些几何问题。渐渐地，李津发现几何还是相当有趣的，他的几何成绩也逐渐提了上去。

仔细看看李津爸爸的做法，也没有什么困难的。从生活入手，让孩子意识到自己所学的知识是有用的，它们关系到生活中的各个方面。当孩子感觉到知识有趣时，他们对学习也会越来越感兴趣。

2. 尊重孩子的爱好，并借此激发孩子的学习兴趣

身为家长，都会有望子成龙、望女成凤的想法。等孩子升入高中后，很多家长都会把孩子周末的学习安排得满满的，并且，这些安排完全都是按照家长的期望，从没考虑过孩子是否有兴趣学习。然而，这种做法对孩子的学习根本起不到半点帮助作用，它只会把孩子搞得筋疲力尽，学习效率变得更低。

想让孩子变得优秀，家长要转变自己的观念，摒弃望子成龙的想法，改为望子成器。给孩子更多自由发展的空间，尊重孩子的爱好，然后激发他们的学习兴趣。

陈可是一名高一的学生，非常喜欢绘画。她很希望长大后成为一位著名的画家，为了朝着这方面努力，陈可决定报一个绘画班。

回家后，她对妈妈说了这件事。妈妈听完陈可的央求，很欣慰地说："好啊！女儿对绘画感兴趣，我当然要支持了。可你在学绘画时，要保证自己的文化课不能落下来，这样才对得起妈妈对你的支持。""嗯，我知道，谢谢妈妈。"陈可兴奋地说。

之后，陈可学绘画的同时，学习成绩不仅没有下降，反而挤进了班级的前几名。另外，陈可也变得更加开朗，和妈妈的关系也更好了。

对于孩子的爱好，家长要给予支持，其实这并不会耽搁孩子的学习。孩子在追求爱好的同时，定会对家长心存感激，然后用更好的成绩来报答家人。

知识面的拓展源自阅读

俗话说得好“读书需用意，一字值千金”，读书必须要用心，要用平常心对待阅读，切勿无用地阅读。所谓无用地阅读是指不切实际地阅读，读死书。

阅读能让孩子增加知识量，扩展知识面，能学到课本之外学不到的东西，扩充孩子对其他知识的补充。

让孩子爱上阅读的最好方法就是家庭成员一起阅读，有了这种氛围，孩子便养成了阅读的习惯。

致父母的话

阅读不仅仅关乎着孩子的语文成绩，它还影响着孩子对其他学科的理解与接受能力。所以，即便是孩子处于时间紧张的高中时期，家长也应当为孩子提供一个有利于阅读的环境，让孩子在阅读之中扩充眼界、扩充知识面。

生活小案例

又逢周末，妈妈却发现女儿躲在房间里看杂志，她无法理解，感觉高中的时间已经这么紧张了，女儿怎么还有心情看那些闲书呢。于是，妈妈就上前制止，并要求女儿将注意力放在学习之上。

没想到，妈妈的这个做法却惹得女儿极为不开心，她不仅将妈妈关在了门外，而且就连晚饭好了她也没有出来。还好爸爸回到了家，好说歹说将女儿劝出房间，吃了晚饭。

非常愤怒的妈妈拿起电话，给女儿的班主任打了过去，她说：“老师，我得向您求助。您说高中的学习时间这么紧张，我女儿竟然还有时间看闲书，我上前制止，她竟然就绝食抗议。希望您能够在开学后开导开导她。”

可是，让妈妈感到震惊的是，女儿的班主任竟然“哈哈”笑了出来，还不停说着：“原来如此，原来如此！”这一下，妈妈更加疑惑了，她甚至怀疑，是不是女儿已经抢先给她们班主任打了电话，让班主任来做自己的工作？

这时，女儿的班主任又说话了：“其实我早就想跟您谈谈您女儿的状况了……”

“是不是我女儿在学校里表现也非常不好，惹您生气了？不行，我还得再说她去……”妈妈没等班主任说完，就抢先说道。

“不不，我要跟您说的是一个好消息。”班主任害怕说慢了会再次引起误会，于是急忙加快了语速，“您女儿从这一学期开始，她的成绩就开始突飞猛进，就好像突然开了窍一样。我正想向您说一下这个情况，然后分析一下让她进步的原因呢。今天您的这个电话算是解开了我的这个疑惑。”

可是电话这端的妈妈却更加疑惑了：“这，究竟是怎么一回事呢？这班主任该不会真的是听了女儿的话，和女儿一起合伙骗我的吧？”

班主任仿佛猜到了妈妈的心思，忙说道：“据我推测，您女儿成绩之所以能够出现飞速提升，就是因为有这些课外读物的铺垫。正是因为这些课外读物丰富了她的阅读，让她的视野更为开阔，也让她的知识量更为全面，所以她的成绩才有了爆发式的增长。”

“喔，是这样么？也就是说，现在她看的那些闲书也是有用的了？”

“当然，其实只要她看的不是那些关于邪教、暴力、黄色的书籍，对她来说，都是一种知识的积累，您都应当给予支持！”

“嗯，好的，谢谢您了。”挂了电话之后，妈妈觉得，自己有必要给女儿道个歉，将这道“代沟”弥补起来。

应对策略

升入高中之后，孩子的时间的确非常紧张，但是只要孩子没有颠倒主次，将大量的时间都用在课外书上，父母就应当给予孩子支持。毕竟，在这个信息时代，孩子课本上的那些东西已经无法满足孩子的需求了。而且，这些阅读还能够促进孩子的学习，让孩子的成绩更进一步。

1. 广泛阅读能够提高孩子的语文成绩

在语文考试的试卷中，阅读理解与作文占据着很多的比重，而这两点恰好是能够通过广泛阅读来提升的。通过大量的阅读，孩子的阅读速度、对文字的理解能力都会有所增加，同时，他们的知识面也在阅读之中逐渐拓宽。

孩子的这些改变对他的写作也同样十分有利。或者可以说，孩子在无意识的情况下实现了“读书破万卷，下笔如有神”。暂且不说孩子写作的水平是否能够达到妙笔生花，就算是孩子将自己看过、学到的知识点融会贯通，然后用自己的方式表达出来，也能够让阅卷老师看到一份见识独特、旁征博引的试卷了。

2. 提高孩子的做题速度与准确率

对那些喜欢读书，也读了大量书籍的学生来说，他们的阅读能力与理解能力比那些不喜欢、不擅长阅读的学生要高出一筹。也就是说，在面对同样的试题时，喜欢阅读的学生将能够用更短的时间读完题目，同时能够更精准地理解到题目所表达出来的意思，因此，他们的做题速度将会更快，而他们给出答案的准确率也更高。

从这一方面来说，孩子虽然没有将全部的时间都放在课本知识的学习上，但是在看课外书的过程中，也在进行另一种学习，而且这种学习能够让他们在成长的道路上比其他人更占优势。

3. 劳逸结合，转换思维

当孩子在大量的习题中感到有些厌烦时，不妨提醒他，读一些轻松幽默的笑话，或是看一篇语句优美的散文，让他从这种烦躁中解脱出来。这既能提高孩子的阅读能力，又能够达到劳逸结合，转换思维的效果。

如果父母决定支持孩子的课外阅读，那么可以为孩子准备他感兴趣的书籍，并将书籍摆放在孩子触手可及的地方。这样的话，当孩子从学校回来，在等待吃饭的时间，或者在晚上泡脚的时间，又或者去卫生间的时间，他都可以随时随地进行阅读，同时又不需要太多的时间。

在对书籍的选择上，《读者》《意林》《青年文摘》等杂志都是不错的选择。在这些杂志上，不仅有简短优美的散文、幽默通俗的笑话，还会出现一些与时事相关的文章。同时，这些杂志的文章都非常注重引导孩子的关注点，让孩子开始感悟亲情、友情等。因此，对时间紧张的高中生来说，这些杂志都会成为他们课外阅读的好朋友。

如何纠正孩子偏科

文理科目的思维方式不一样，文科偏重感性思维，而理科侧重逻辑推理能力，每个孩子所擅长的思维方式亦不同。临近高考，家长应该让孩子保持学习优势，弥补弱项，即擅长的科目别松懈，有缺陷的科目抓住基础，不要因为补弱科就不在乎强科。

致父母的话

很多时候，在高考的科目中，孩子都会对某一个学科表现出浓厚的兴趣，他在这一学科的成绩也会因此而名列前茅。但是当孩子进行总成绩的排名时，却被众人远远超越。这是因为孩子的其他学科过于偏弱，才最终导致了如此结果。那么，当孩子出现偏科的现象时，家长应当如何应对呢？

生活小案例

儿子的期末考试成绩单拿到手里后，爸爸的眉头就皱到了一起。成绩单做得非常详细，儿子每一学科的成绩在年级的排名，总分数在年级的排名，还有期中考试时的分数都清清楚楚。

让爸爸感到困惑的是，儿子的语文成绩在年级的排名是第三，其他学科的成绩则都在90开外，甚至数学成绩的排名都到了120名之后。最终导致儿子总分的排名也落到了100名之后。要知道，整个年级总共才只有300多名学生啊。

而且，爸爸根据学校的升学率计算，儿子的这个名次可以说非常危险，正处于本科线的临界位置。也就是说，即便儿子的成绩一直稳定在这个名次，也有很大的可能不会超过本科线，更别说还有很大的可能被其他同学超越了。

面对偏科如此严重的儿子，爸爸一时之间也想不出什么好的方法，而且看着儿子沮丧的表情，他知道儿子肯定已经尽力了，也不应当责备。最后，爸爸想起了一位朋友，那位朋友已经担任毕业班级的班主任好长时间了，爸爸想从他那里得到一些建议。

听完爸爸的介绍之后，那位朋友给支招了：高考中能够获得成功的学子基本都属于“全才”，就是每一学科都非常优秀的学生；对那些偏科的学生来说，也不是没有办法，其中最有效的办法就是提升孩子的自信心，让孩子的成绩出现“一超多强”的局面。

别无他法的爸爸被说服了，在接下来的日子里，他鼓励儿子向那些杂志、报刊投稿，同时也加强对基础知识的学习。儿子很听话，按照爸爸的计划再一次全身心地投入到学习之中。很快，儿子的付出有了回报，他投出去的稿件被采用了！

那段时间里，儿子的脸上整天都洋溢着幸福、自信的笑容，而爸爸也借此机会做儿子的思想工作：“儿子，你的文章能够获得知名度如此高的书刊认可，说明你非常聪明啊。而且，这也说明，你的智商比其他人要高出很多，所以，你要相信自己。之所以会出现弱科，只是因为你的努力程度还不够，所以才没有出成绩。”

爸爸的话很明显获得了儿子的认可，可是孩子仍然有些担心：“都已经这么长时间了，就算是我从现在开始用功，也不一定能够跟上大家的脚步啊。”爸爸表示，自己已经替儿子选了一位经验非常丰富的家教，他能够帮助儿子补足基础，将成绩追上来。

看着爸爸充满希望的目光，儿子也去掉了心中最后一丝迟疑，坚定地点了点头。当新的一学期结束后，爸爸终于看到儿子的成绩提升了很多，偏科问题也解决了。

应对策略

鼓励才是教育的最大法宝，所以即便是孩子表现出了偏科的趋势，在面对选拔“全能型人才”的高考时处于不利的形势，他们也不应当成为被指责的对象，毕竟出现这样的成绩也是孩子不想看到的。那么，此时的家长应当如何做呢？家长和学生都想了很多解决办法。补课，强化做题等等，方法用尽，却依然收不到很好的成效。其实，每个孩子产生偏科的原因不尽相同，因此解决方法也是各不相同。根据孩子的个性特点、学习环境、学习方法等多种原因，对症下药，才能有效地解决孩子的偏科问题。

1. 反思对孩子的教育过程，找到孩子偏科的根源

事实上，孩子之所以会出现偏科的现象，大多数是受父母影响的结果，或者也可以说，这是父母教育所出现的结果。

曾经有一位妈妈在女儿出现偏科的时候对自己的教育进行了反思，她发现，当女儿在很小的时候，自己就开始为她讲故事，有时候也让女儿重复讲那些故事给自己听。后来，随着女儿开始读书，她又给女儿买了许多有关语文的课外书，而且，几乎每天晚上女儿的催眠曲都是英语原声磁带，所以，在女儿上学的过程中，她从来都没有为语文、英语发过愁，而数学、物理等学科让她感到有些头疼。

最终这位妈妈得出结论：女儿出现这种偏科的现象，就是由于自己在女儿小时候对她的开发不全面，没有顾及数理方面的知识，所以才会出现这样的结果。想通这个道理之后，妈妈没有指责女儿不用心，而是对女儿产生了一丝愧疚，在心中思索着用怎样的方法帮助孩子提升成绩。

2. 要多观察刚上高中的孩子，主动与任课老师沟通

刚上高中时，孩子们大多还处在兴趣大于理性分析的阶段。对于新增科目存在的问题，他们不会学着去总结、处理，长此以往，问题越积越多，偏科就产生了。因此，这段时间，家长一定要多注意观察孩子。

如果发现孩子有学科作业做得较慢，错误较多，马马虎虎时，可能就是偏科的初始表现。再从孩子的卷面分析，就可以判定是不是出现了暂时性偏科。

暂时性偏科出现后，家长要注意多和老师沟通，通过向孩子弱势学科的任课老师了解孩子的课堂表现，一起商讨提升孩子成绩的办法，防止出现实质性偏科。譬如可建议任课老师针对孩子的能力，多提简单的问题让孩子来回答，多给予积极的赞赏，增强孩子的学习信心，让孩子逐渐拾起对学习的兴趣。

3. 与孩子多沟通，改善孩子的偏科现象

当孩子已经成为实质性的偏科时，那么家长就需要与孩子讨论偏科问题了。静下心来，和孩子一起分析偏科的原因，然后采取针对性的对策。

如果是孩子的认识问题，就可以根据高考分值，让孩子计算偏科拉下的分数对升学的不良影响，让他认识到要升入理想的大学，偏科是必须克服的绊脚石。

如果是兴趣不够，应多给孩子讲讲该学科的人文趣事，在现实生活中的应用案例，或是成功者的探索精神、应用成果等，引导孩子发现该学科的知识乐趣。例如，孩子不喜欢学习物理，家长可以帮助孩子找到生活中物理的具体运用，或是给孩子买一些有关趣味物理的书籍，引导孩子喜欢上学习物理。

如果是因为孩子学习方法不当，导致了学科成绩一直上不去，家长可以就这一学科给孩子耐心讲解学习规律。让孩子利用正确的学习方法，达到事半功倍的学习效果。例如，孩子的历史成绩不好，因为历史的知识点很多、又很碎，对此，家长可以教导孩子学会利用历史时间或事件把相关的知识点串起来，就很方便记忆。

除此之外，孩子偏科的原因还有很多种，但只要家长多与孩子沟通，从孩子那里找到他们偏科的真正原因，然后用恰当的方法，就能帮助孩子纠正偏科这一不良现象。

4. 及时鼓励和强化孩子的进步

当孩子的某一学科的成绩下降时，他们的心里也会非常着急，而且慢慢地会对弱势学科丧失信心。这时，孩子也往往变得容易暴躁。如果家长不能给予理解，反而斥责孩子：“学习成绩不怎么样，脾气倒挺大。”不

但对孩子的学习毫无帮助，还会引起孩子的反感。就算是大人犯了错，受到别人的挖苦和训斥，他也不会虚心接受并改正错误，更何况正处于青春逆反期的孩子。

因此，高中的孩子出现偏科情况并不可怕，可怕的是家长用一种错误的态度去对待。结果很容易导致孩子走向极端，对自己的弱势学科彻底失去兴趣，任由偏科的情况持续下去。事实上，孩子出现偏科时，最需要的是家长的支持和鼓励，帮助孩子重新建立学习的信心。

只要孩子肯努力，就一定会在弱势学科上取得进步。而家长要努力去发现孩子的这一点进步，然后对孩子加以肯定和鼓励，让孩子体会到，自己是很有希望克服弱势学科的，进而增强孩子对学习的自信心。

之后，家长要常常鼓励孩子在弱势学科上的每一点进步，如在课堂上主动发言，多读这一学科的图书等。引导孩子多接触弱势学科，加强对弱势学科的日常学习。也可以从孩子的优势学科中找出他的一些学习优势，进而推动弱势学科的学习。

如果孩子们听了家长的引导，在偏科上有了实质性的变化和进步，家长要想方设法地嘉奖孩子。可以直接赞扬他，也可以给予物质奖励，满足孩子的一个要求等。用嘉奖的办法及时强化孩子学习该学科的心理，让孩子感受到父母的重视和欢喜，利用期望效应，让孩子慢慢喜欢上自己的弱势学科。

5. 扬长不是为了提分，而是为了让孩子更加自信

很多时候，虽然孩子在自己擅长的科目上能够取得不错的成绩，但是这个成绩在众多参加高考的精英之间根本就无法让孩子脱颖而出，即便是名次在前，但所差的分值却是有限的。而且，这有限的分值根本就不足以弥补孩子弱项与他人的差距，也就无法让孩子在高考中占得优势。

所以，家长可以鼓励孩子尽己所能地发挥长处，但不能将高考的全部希望都寄托在这一学科之上。对家长、孩子来说，让孩子充分发挥长处的目的是为了让孩子在即将来临的高考面前更加自信，有了自信，他才能将更多的精力投入到新一轮的学习当中，而不是怀疑自己的价值。

6. 补短，进一步减少弱科拖后腿的概率

对那些偏科的孩子来说，前面两点都是为了这一点做准备的。家长反思自己的教育方式，对孩子心怀愧疚，自然就不会对孩子横加指责，而是会给孩子更多的耐心，也让孩子能够深切体会到父母的关怀；发挥长处，增强孩子的自信，也是为了让孩子明白，他在智力方面不仅不比其他人差，反而更胜一筹，进而增加孩子学习的动力。

有了这些铺垫之后，让孩子满怀信心地踏上征服弱科的道路，他将会走得更加从容与顺利。不过，如果孩子偏科严重的话，家长不妨向案例中的爸爸学习，帮助孩子挑选一位经验丰富的家教来对孩子进行指导，也能够给予孩子极大的帮助。

战胜学习上的挫折

给孩子多多提供尝试机会也是实施挫折教育的有机组成部分。孩子一旦被剥夺了尝试的机会，也就等于被剥夺了犯错误和改正错误的机会，因此也不可能迈向成功之路。

无论是学习的路上还是成长的路上，都不可能是一帆风顺的，途中会遇到挫折。遇到挫折难道要自暴自弃？难道要气馁？都不是，或许孩子一时半会承受不住挫折所带来的压力，但是当孩子遇到挫折时家长一定要给予安慰和鼓励，让孩子有信心战胜学习上的挫折。

致父母的话

学习的过程就像渡河，总会遇到些风浪，孩子只有以正确的心态面对，成功地克服这些困难，才能够继续前行。

生活小案例

汪志是一个听话的孩子，学习非常认真刻苦。可自从进入高二以后，他的精神状态变得非常糟糕。不仅在家里常常丢三落四，在学校听课时也是精神恍惚，经常开小差。经过几次考试之后，他的成绩下滑得厉害。老师也和他谈了几次心，但并没有问出原因，只好把这件事告诉了汪志的爸爸。

听到孩子出现这种情况，爸爸不禁感到疑惑："汪志小时候成绩一直是班里的前几名，上了高中后，虽然成绩不是名列前茅，但也是一直稳定在中上游。怎么上了高二，成绩会突然变差了呢？"

带着这个疑惑，爸爸找机会和汪志促膝长谈了一次。在和孩子的交谈中，汪志向爸爸说了自己最近学习状态变差的原因。

原来，汪志升入高中以后，有个心结一直没有解开，就是他的成绩再也进不了班级的前几名了。他总觉得自己的成绩在班级里不上不下，经过高一一年的努力，成绩还是在班级的十几名徘徊。于是，他渐渐对学习失去了信心，认为自己不如别人聪明。

看着孩子一脸的苦恼，爸爸也找不出什么话来安慰他，只能鼓励他说："只要努力学习，成绩总会有上去的一天。"可这句话说完，连他自己都不太相信。

应对策略

孩子升入高中以后，对学习产生一种力不从心之感，这是高中阶段存在的一个普遍现象。也因此，很多孩子开始怀疑自己的学习能力，产生"他们是不是都比我聪明？""我最多也只能学成这样了。"等一些消极的想法。

其实不仅是孩子，连家长有时也感到不能理解：孩子上高中前，成绩明明一直很好，可上了高中，学习虽然更用功，成绩却退了一步呢？

关于这一点，我们认清孩子所处的学习阶段后，就能明白了。初中时，孩子学习的课业内容相对简单，学科也很少，只要肯努力，全部得满分也不是什么难事。升入高中，不仅课业难度增加了，孩子的竞争对手也增强了。孩子既不能像初中一样努力学习就得满分，又不能超越所有的同学得第一名。与初中相比，成绩下降也是必然的。

但孩子们并不能看清这一事实，他们经过努力学习，却一直不见成绩增长，就开始对自己的学习能力产生怀疑，然后对学习逐渐失去兴趣和信心，这就是孩子在学习上遇到了挫折。想要帮孩子克服学习挫折，家长就要找出让孩子产生困惑的原因。总的来说，原因主要包含三点：

1. 孩子的成绩稳定在一个不高的水平，提升很慢

和班级里一些老实学习，成绩却又不太理想的孩子谈心时，总会听他们提起这一点：成绩提升太慢。无论怎么努力，也不见成绩有大的变化。为何成绩提升慢，会对孩子造成这么大的困惑呢？

其实，生活中我们也都有类似的经验。当我们去做某件事的时候，一开始做得非常好，可到了一个阶段，无论怎么努力却都是收效甚微，时间久了，自然会感到心灰意冷。同样，孩子努力学习成绩却不上进，学习积极性也难免会受到打击，失去学习的信心。在这一阶段，家长要教给孩子学会摆正心态，学习是一个渐进的过程，不可能一口吃个胖子，用正确的眼光看待成绩的变化。

孙晓上高中后，学习成绩由初中时的第一名，变成了现在的近二十名。为了能让自己的成绩重登榜首，在刚开学的两个月里，她学习特别用功，每天早上，早早地起来背英语，然后匆匆吃完早饭上学。晚上回家后，一直把自己关在房间里看书、做习题，直到深夜。

然而，两个月后，忽然孙晓就跟霜打的茄子似的——蔫了。妈妈有些担心，就过来找女儿聊天，女儿对妈妈哭诉道："这两个月来，我那么努力地学习，成绩还是进不了前十名，看来我确实是不够聪明。"

看着女儿委屈的样子，妈妈连忙安慰说："谁说我家女儿不聪明，你的成绩不是比刚开学时进步了吗？""可进步这么慢，啥时候才能进入前几名啊？"孙晓闷闷不乐地说。妈妈拿着女儿的成绩单，指着排在女儿前面的人说："路要一步一步地走，学习也要一步一步地往前进啊！"看着妈妈的手指在成绩单上慢慢往上滑，女儿眼睛一亮，心中又燃起了希望。

她慢慢地点点头，说："我懂了妈妈，谢谢您。"之后，孙晓又恢复了饱满的学习状态，到了期末的时候，她的成绩已经进入班级的前三名了。

学习要循序渐进这种道理，孩子并不能靠自己领悟。当他们努力学习一段时间，却得不到明显的改变后，心理就会失落起来，变得厌学。家长要从孩子消极的行为中及早发现问题，然后和孩子好好沟通，帮助孩子度过学习难关。

2. 老师不重视，孩子心理增加失落感

对于有些孩子来说，老师对他们的关注程度，直接决定了他们学习状态的好坏。孩子有这种表现，也很容易理解。虽然他们不是为了老师而学习，但在学校里证明自己优秀的最直接的证据是什么呢？那就是老师对自己的重视程度。老师越重视，证明他们越出色。

可老师要面对全班的学生，精力有限，不可能对所有孩子的感受都照顾过来。一般来说，老师的目光常常停留在两种学生身上：成绩特别优秀的学生和特别调皮捣蛋的学生。因此，有很多孩子都会感到老师忽视了自己，学习的积极性不高。

要改变这种情况，家长就要让孩子明白这样一个道理："老师忽视了你，你却不能忽视了自己。因为只有自己重视了自己，改变了自己，才能再次赢得老师的青睐。"

3. 功课太难，学习压力大

家长和孩子交流时，常常会听到他们这样抱怨，"物理太难学了，很多题怎么都想不出来该怎么做。""英语单词真难记，我每天都要背一两个小时，可还是记不住几个。""语文作文太难写了，半天也憋不出一句话。"等等，这些抱怨的孩子，显然都是学习上遇到了挫折。

当孩子产生这些想法时，只能说明一个问题，不是学科难，而是他们的学习方法出现了错误。学习方法因为科目的不同而差别巨大，但孩子却不能很好地把握这一点。因此，当孩子感到学习困难的时候，家长要及时和老师沟通，让老师多费心找出孩子学习方法上的错误。同时，家长也可以从老师那里借鉴来正确的学习方法，耐心地教给孩子，帮助他们战胜挫折，走出学习的误区。

开完家长会之后

家长会是家长和老师交流的一个平台。家长和老师通过交流，能够更清楚地了解孩子的学习和生活情况，发现孩子的缺点，然后帮其改正。但是，由于一些家长不能够理性地对待孩子的缺点，开完家长会后，很多孩子的成绩反而变得更差了，而且家庭矛盾也变得更加严重。孩子越来越怕学校开家长会，家长也越来越讨厌参加家长会。

致父母的话

家长会的真正目的，是为了通过家长和老师的沟通，及时发现和改正孩子的不足。但开完家长会后，直接指出和训斥孩子的缺点，不仅收不到家长想要的效果，甚至很可能是南辕北辙。

生活小案例

黄婷的妈妈每次去开家长会，都是高兴而去，扫兴而归。回家以后，她就把老师反映女儿的种种劣迹全盘唠叨出来，接着就是一顿责骂。有时，黄婷觉得难以忍受，便和妈妈对着吵起来。一时间，母女之间的关系变得非常糟糕。

到了后来，黄婷对老师也有了偏见，讨厌他给家长打“小报告”。在课堂上，她常常有意无意地顶撞老师，师生关系也变得很紧张。和老师关系不好，黄婷的成绩下降了不少，加上老师的“状告”，黄婷和妈妈的关系更差了。

黄婷的爸爸发现这种情况后，便主动请缨去开家长会，想借此来缓和一下她们母女俩的关系。爸爸接手家长会这个工作后，认为孩子需要的是理解和表扬，而不是一味地训斥。

于是，他采取了“报喜不报忧”的方法。在家长会上，如果老师反映孩子的哪门课程的成绩下降，爸爸回家就对黄婷说，她的这门功课还行，并关照她继续努力。如果老师反映孩子上课时顶撞老师，爸爸回家就对黄婷说，老师能理解她的不良情绪，希望她以后可以在课后向老师提出来……

就这样，黄婷对老师的误解消除了，她不仅不再和老师顶嘴，还努力地投入到学习之中，成绩一天比一天好。看到孩子成绩上来，妈妈终于喜笑颜开，她问丈夫是怎么做到的，丈夫便说出了实情。

妈妈也意识到了自己的错误，于是，她开始学习丈夫，对女儿多赞扬、少批评，并且又主动担起了家长会的工作。很快，黄婷和妈妈终于恢复了融洽的母女关系。

应对策略

一般情况下，家长开过家长会后，免不了会好好地“教育”孩子一通。成绩差、在学校表现不好的孩子，就要受到家长的斥责，甚至是一顿揍；成绩不错的孩子也不能幸免，因为不论你学习多好也会犯一些小错误，家长便会抓住这种小错误对孩子说个没完。

青春期的孩子，内心既脆弱又敏感。家长不停地指责，根本就不能帮助孩子改正，这样做的后果只有一个，就是令亲子间的关系变得差，进而导致师生关系也开始变得紧张起来。然后孩子害怕开家长会，讨厌家长和老师沟通，更讨厌他们找自己的“麻烦”。时间一久，家长会完全变了味，不仅不能帮助孩子成长，反而成了他们成长的绊脚石。

从这些教训中我们能够得知，想要发挥家长会的最大作用，家长一定要做好家长会的“传达”工作。仔细考虑自己对孩子采用的方式和语言，是能够激发孩子努力还是抑制他们？具体来说，想要开好家长会，家长需要注意这几点。

1. 多报喜、少报忧，减少孩子对家长会的紧张情绪

在家长会上，为了让家长更清楚地了解孩子，帮孩子改正错误。对于孩子在学校犯下的种种不是，老师对家长自然不会隐瞒。而如果家长不懂得采用适当的教育方式，直接拿这些错误质问孩子，结果只能用“糟透了”这三个字来形容。

孙璐是班里有名的“英语大王”，每次英语测验他几乎都能拿满分。但不知道为什么，最近孙璐的英语成绩突然下降了很多，考试的成绩开始在七八十分徘徊。

于是，班主任找到孙璐，问他到底出了什么事。只见孙璐咬牙切齿地说：“我讨厌英语老师，一看到他就烦，没心情听课。”“不应该啊！我记得你以前挺喜欢英语老师的，现在怎么会变成这样？”班主任不解地问。“这都怪英语老师，前一段时间开家长会，他跟我爸爸告状，说我变骄傲了，上课顶撞他，结果爸爸狠训了我一顿。这样的老师，我才不会再听他的课。”孙璐愤恨地回答。

可见，因为家长不懂得教育方式，看到孩子的一些错误，就小题大做地对孩子训斥，只能起到相反的结果。孩子因为老师“告状”，与老师产生了隔阂，这又怎么可能不影响到他们的成绩呢?

每个人都不喜欢听到自己的负面消息，高中的孩子更是如此。开家长会时，本来孩子的心里就忐忑不安，之后家长再一味地数落孩子的“罪状”，只会激起孩子的反抗情绪。因此，家长要明白，开完家长会后孩子最需要的是理解和赞扬。只有对孩子的错误表示理解，对孩子的优点表示赞扬，才能让孩子更加积极地投入到学习中，这才是家长会的真正目的。

2. 把“成绩排队”变成“优点研讨”，正确、积极地认识孩子的能力

开家长会时，很多家长最关注的还是孩子的成绩。如果孩子的成绩排名提前了，那么他们可以忽视孩子所犯的一切错误；但如果孩子的成绩排名落后了，那么孩子在家长心中可就变得一无是处了。成绩排名的好坏，直接决定了家长对待孩子的态度。

家长关注孩子成绩的排名，这一点可以理解，但以成绩排名的高低来定义孩子的好坏可就不明智了。影响孩子成绩的原因有很多，如果家长不能够找出孩子成绩变坏的根本原因，而只是对孩子横加指责。这对孩子起到的帮助效果甚微，只能徒给孩子增加心理压力。

对于孩子成绩排名降低的情况，家长当发掘出孩子的学习强项，借此提高他们的学习信心。孩子的学习成绩下降并不是所有科目的成绩都变差了，即使学习再差的孩子，也有自己的优势科目，教育孩子从自己的优势科目入手，增强他们的学习自信心。

开家长会时，家长要把目光从孩子的成绩排名上转移到发现孩子的优势科目上，努力发现孩子的特长，把“成绩排队”变成“优点研讨”，让孩子在自信中找到合适的学习方法，进而提升自己的成绩。

不能盲目购买教辅书

随着孩子进入高三，高考的钟声也开始了倒计时。许多家长往往也不再像曾经那样，只关心孩子的成绩，不参与孩子的学习。他们一反常态，只要是觉得对孩子有用的事情都会去做，只要觉得能促进孩子学习的教辅书，都会去买。

致父母的话

相信每个从高考走过的家长都不会忘记曾经那段“书山题海”的日子，现在孩子也进入了这一阶段。那么，家长应当如何帮助孩子在众多的参考书、教辅书以及试卷之中脱身而出，并取得优异的成绩呢？关键点在于对教辅书的选择之上。

生活小案例

儿子升入高三后，突然感觉到，原本对自己的学习漠不关心的爸爸似乎在一夜之间就有了翻天覆地的变化，不仅常常与自己促膝长谈，而且还时不时给自己买一些教辅书，他甚至还在网上找了一个高三家长QQ群，在那里学习众人的“育儿心得”。

虽然儿子对爸爸的这些关心行为感到非常受用，但是由于已经身处高三，学校里对学生的时间安排得非常紧，每天不仅有大量的课外资料要整理、学习，时不时还有考试要应对、总结，就连偶尔的周末时间也都有大量的习题作业。

但是，好心的爸爸却丝毫没有考虑到这些问题，他仍然根据群友的介绍，为儿子下载各种电子资料，外出购买各种新型教辅。同时，为了让儿子回到家后就能看见自己的这些准备，让儿子拿得更加顺手，他还买了个小书橱，并将这个小书橱安装到了儿子的卧室里。

儿子为了不辜负爸爸的这一片苦心，只好在忙完了大量的作业之后，将爸爸准备的资料拿出来翻看。可是，他没有想到，自己的这一行为竟然对爸爸产生了鼓励作用。爸爸兴奋地对妈妈说："看，儿子非常喜欢我给他准备的资料呢，所以，我需要更加努力了，现在没什么比我高三的儿子更重要了。"

但是没过多久，儿子就坚持不住了。原本在学校里就已经非常紧张了，周末的时间在完成作业之后，也十分疲倦了，再翻看爸爸购买的教辅书，儿子只觉得自己的精神状况越来越差，自己的注意力也越来越难以集中，他甚至对教辅书有了一种轻微的恐惧感。

儿子觉得自己不能再这样下去了，为此，他特意同妈妈进行了一次沟通。儿子告诉妈妈，爸爸的这些行为虽然出自内心，他也非常感激，但是无可否认的是，现在爸爸的这些行为已经严重影响到了自己的作息时间，如果再这样继续下去的话，恐怕自己真的就承受不了了。

妈妈安慰了儿子一番之后，找了个时间与爸爸进行了沟通，她将儿子的苦恼都告诉了爸爸。起初爸爸有些难以接受，觉得这是妈妈不想让自己花费的结果，但是随着妈妈的分析，爸爸渐渐有些醒悟了。

想想这段时间的所作所为，爸爸有些惭愧了。自己虽然是好心，但是却给儿子带来了巨大的压力，得不偿失啊。再想想自己前两年未曾在孩子的学习上费心，但是孩子的成绩仍然名列前茅，而且每次回家后也都以作业为先，从来没有出现过偷懒的现象，爸爸知道，对高三的儿子来说，自己这一段时间的行为过于莽撞了，而教辅书的选择也过于盲目了，这才导致给儿子的学习帮了倒忙。

应对策略

案例中的这位父亲，虽然他纯粹是出于关心儿子，而且他也确实为此而付出了金钱与努力，但是最终的结果却让他大吃一惊：他不仅没有帮到儿子，拖了儿子学习的后腿！

高考对每个人来说的确很重要，因此，不仅越来越多的家长将关注点放在高考上，也有越来越多的商家开始关注高考。家长随意进入一家书店就可以发现种类繁多、花样百出的教辅书以及参考资料。但这些都是孩子必不可少的吗？家长应当如何挑选？

1. 挑选“总结型”教辅书

高三学生的教辅资料极多，但是只要略微分析，可以将这些教辅资料归为两类：“总结型”和“训练型”。“总结型”教辅书是指那些对高中三年所有知识点进行整理归纳，并借往年高考习题加以分析的教辅书。“训练型”教辅书则是指那些整体侧重于习题，题型多、难题多、题目多的教辅书。

虽然我们常说，每一名高三的学生都是从“题海”中漫游出来的。但是，给孩子购买“训练型”教辅书的话，容易使孩子在高三复习的过程中迷失方向，进而失去复习的重点，甚至让孩子丧失面对高考的信心。

曾经有一位高三班主任说，他自己就遇到过一位在题海中迷失的学生。当时，那位学生来找他聊天，问道：“老师，您说，我都已经一题不落地做了两本教辅书了。可是，为什么我的成绩丝毫不见起色呢？”

这位老师反问道：“既然你已经做完了两本教辅书，那么，在这两本教辅书上，你记住了多少题型呢？”那名学生一下子就愣住了，过了一会他才慢慢地摇了摇头。

老师又问：“那你从两本教辅书中找到自己的薄弱点了吗？”学生再次摇头。

所以，家长在帮助孩子挑选教辅书的时候，一定要选择那些重视知识点归纳，并结合习题有所引申的教辅书。只有这样的教辅书才能帮助学生找到自己的薄弱点，进而巩固自己的基础知识，从而增加高考获胜的几率。

2. 结合孩子的情况挑选教辅书

高三孩子的时间非常紧张，因此，家长在挑选教科书的时候，无需每一科都选，可以针对孩子的薄弱科目进行挑选，为孩子进行“加餐”，帮助孩子在短时间内将薄弱环节加强，让弱科不再成为考试成绩的“小尾巴”。

除此之外，家长在挑选教辅书的时候，还应当考虑孩子的学习状况。如果孩子能够紧跟老师的授课进度，同时还有学习的精力，那么家长就可以为孩子挑选一些难度较大、综合性习题较多的教辅书，让孩子能够进一步开阔眼界。

如果孩子能够跟随老师的授课进度，但是对知识点的掌握仍然存在一些不足，那么家长就应当给孩子挑选一些以基础知识为主的教辅书，帮助孩子进一步完善对基础知识的掌握。

如果孩子感觉跟随老师的脚步都有些困难，那么家长就不需要为孩子准备教辅书了。此时，家长应当帮助孩子牢固掌握课本上的基础知识，如果需要的话，也可以帮孩子请一名家教加以辅导。

合理利用时间，提高学习效率

世界上有一样东西，它是最长的也是最短的，它是最快的也是最慢的，它最不受重视但却又最受珍惜；没有它，什么事也无法完成。你猜到它是什么了吗？没错，它就是时间。

家长看着孩子一天到晚都在学习，真心疼，但为什么效果不佳？这是最令家长、老师和学生感到困惑的一大难题。学习是在时间中进行的，无可置疑，谁能拥有更多的时间，谁就能获得更多的知识。学的时间长并不一定有用，问题的关键是：孩子在单位时间内的学习效率有多高。

致父母的话

三年的时间，是每一位即将参加高考的学生所共同拥有的。但是，高考之后，学生们的成绩却千差万别。抛却其他客观因素不谈，学习效率就成了解释这些差距的关键理由了。

生活小案例

小辉的父母一直都对儿子的学习非常满意。的确，小辉也很争气，即便是升入高中后，放假的时间很少，放假时，他也基本不出去玩耍，而是将时间都用在了学习上。唯一让小辉父母担心的，就是小辉的成绩。

一般来说，小辉已经把全部的时间都用在学习上了，成绩应该还看得过去。但实际情况却是，每次考试之后，小辉的成绩排名都属于中下游水平，甚至都无法达到中游水平。为此，小辉的父母特意向小辉的班主任咨询了一番。

小辉的父母想知道，是不是周末回到家之后，小辉的表现只是用来安慰家长的，至于他在学校的表现，则完全不同？可是班主任的回答却出乎了他们的意料。因为班主任说，小辉在学校里的时候也非常刻苦，很少看到他浪费时间。

“那为什么他的成绩会如此不理想呢？”小辉的父母疑惑了。

“这或许跟小辉的学习效率有关吧。”班主任猜测说，“同一道题，其他的学生能够在短短五分钟之内解决，小辉却需要十分钟。而且，在查阅了小辉历来考试的试卷之后，我发现，对于那些在课堂上反复讲解的题目，小辉能够解答出来。但是，如果是同一题型，但换一种表达方式，小辉出现错误的概率就比较大了。”

“您的意思是，小辉虽然在学习上用了很多时间，但他的心思并不在学习上吗？”小辉的父母更加疑惑了。

“不，不，也不能这样说。”班主任急忙摆手。

随后，在班主任一番讲解下，小辉的父母才终于明白了班主任的意思。班主任是说，小辉虽然的确非常用功，但是他的学习方法并没有从初中转换过来。也就是说，小辉仍然在用初中时的学习方法来学高中的知识。

而且，小辉虽然在课堂上的笔记做得非常详细，但他只是单纯地学习、记忆老师讲解的知识，并没有将自己的思考加入进去，所以，当同一类型的题目“改头换面”出现之后，小辉就不知道该如何应对了。

最后，班主任给小辉的父母提了一个建议，让他们多多参与到小辉的学习当中，引导小辉在学习的时候多进行思考、总结，做到将老师讲解的知识变成自己的东西。只有这样，小辉的成绩才能有所提升。

应对策略

案例中的小辉虽然非常刻苦、努力地去学习，但是他的成绩却并不理想，最根本的原因就是小辉的学习效率过低了。正是由于这个原因，小辉即使一刻不停地学习，却仍然考不出优异的成绩。那么，家长应当如何做，才能帮助孩子提高学习的效率呢？

1. 帮助孩子合理规划时间

对于像小辉这样自觉刻苦学习的孩子来说，家长并不需要担心规划出来的作息表无法得到贯彻执行，因此，在合理安排各个学科的学习顺序时，也需要考虑给孩子安排出休息的时间。这样才能让孩子有时间放松，同时家长可以利用这段时间与孩子交流、了解孩子的学习状况，引导孩子进行学习方法的转变，让孩子开始重视思考，重视总结。

2. 监督孩子完成任务

人们往往会有一种惰性，就是对于习惯的事情不愿意去改变。同样的道理，当家长帮助孩子制定出学习目标之后，孩子会从心理上产生一种反抗，这是正常的反应。所以，此时就需要家长进行监督，与孩子一起完成制定的目标。

这不仅是一种监督，同时也是一种可以提高孩子自信心的方法。当孩子看到改变学习方法之后，能够用更短的时间完成任务，他就会从心底产生一种强烈的满足感。这种满足感也会让孩子对接下来的学习更加充满信心。

对于像小辉这样的孩子来说，他们往往会“一条道走到黑”。因此，家长可以帮助他们设定一些短期内极易实现的目标，然后陪伴着他们共同实现这个目标，让孩子在不断完成目标的过程中重拾自信心，对自己更加肯定，这也是十分必要的。

3. 帮助孩子改变学习方法

好的学习方法并不仅仅是课前预习、认真听讲、详记笔记、课后复习这四个方面，还应该包括举一反三、独立思考等。对每一名学生来说，前四个方面都是学习中必不可少的学习方法，它们能够帮助学生牢固掌握基础知识。

但是，在高考面前，仅仅掌握基础知识是完全不够的。因此，学生需要根据基础知识进行拓展，“知其然并知其所以然”。当老师对某一道习题进行讲解之后，学生不仅应当熟练掌握老师讲解的步骤以及方法，还应当就此展开，思索这一道题究竟考察了哪些知识点，又是从哪个方面进行考察的，这道题是不是还有其他的解答方法等。

虽然这种学习方法有可能会因为一道题而占用孩子半堂自习课的时间，甚至一整堂自习课的时间，但是这种方法不仅能够让孩子对基础知识的掌握更加牢固，还可以让孩子对老师的讲解理解得更加透彻，同时，还可以提高孩子的应变能力，让孩子在遇到同一类型的试题时能够从容不迫地给出答案。

高考也像是一场赛跑，谁对时间的使用更加有效，谁能够在更短的时间内解决更多的难题，谁就会成为高考跑道上的胜利者！所以，为了孩子的高考，为了孩子的未来，在孩子升入高中之后，就帮助孩子改变学习方法吧，让孩子的学习更加轻松，更加高效。

拟定学习计划

“凡事预则立，不预则废。”做什么事有了计划就容易取得好的结果，反之则不然。有没有科学的学习计划对孩子学习效果有着深刻的影响。

孩子制订学习计划的最佳时机便是新学期开始，新学期，新的生活，只要收收心，就会很快投入到紧张的学习中去。这个时候制订一个好的学习计划，时刻提醒自己学习的进度还是很有必要的。

致父母的话

帮孩子拟定一个合理的学习计划，是孩子获得好成绩的开始。计划可以让孩子学习的步骤和目标更为明确，提高孩子的学习效率。

生活小案例

闫杰是个聪明的孩子，但在学习上耐性却不够好，常常三天打鱼，两天晒网，学不了一会儿就去干别的事了。因此，他的学习成绩在班里并不突出，一直在中上游徘徊。

在所有的学科中，闫杰的语文成绩最差，经常考试不及格。为了不让语文拉下自己的总体成绩，他向爸爸表明，在进入高三以前，一定努力把语文成绩提上去。爸爸听了很欣慰，至少孩子明白要努力学习了。

闫杰的确不是对爸爸撒谎，第二天，他就认真地做了几套语文习题。除此之外，闫杰还一直抽时间阅读语文课外书、背古诗。就这样，一个星期过去了。

第二个星期，闫杰学习语文的兴致慢慢消失了。一天晚上，爸爸发现闫杰并没有看语文书，也没有做语文习题。看来孩子的老毛病又犯了，开始对学习语文感到了厌烦。于是，爸爸提醒他说："你之前不是跟我说得好好的吗？要在升入高三之前提高语文成绩，可现在怎么又不学习语文了？"闫杰一脸无奈地说："我努力学习了几天，可也看不出有什么明显的效果。况且其他老师也布置了作业，我总不能因为学习语文而耽搁了其他学科的学习吧！"

爸爸笑着说："你呀！从来就没有为学习制订过计划，才会导致学习兴趣低落。学习是一件长久的事，仅几天的努力怎么会有明显的成效呢？从现在起，你就应该学会给自己制订一个学习计划，然后按照计划长久地坚持下去，这样才能取得成效。"闫杰听了之后，认真地点了点头。

应对策略

孩子进入高中以后，逐渐知道学习的重要性，也意识到课程变多、学习更加紧张等。所以，当孩子进入高中的校园时，都要比初中更加用功学习。但即使如此，高中生还是在学习上感到力不从心，不能很好地掌握所有的学科。究其原因，主要是因为孩子没有制订合适的学习计划，时间分配不当，找不到学习的重点，加上高中学习任务量的增加，孩子缺乏坚韧的学习毅力，学习效率低，学习的效果自然也达不到要求。

然而，因为小时候的学习习惯，孩子意识不到学习计划的重要性。对此，家长要让孩子明白制订学习计划的必要性，然后让孩子制订一个合理的学习计划，帮孩子养成一个守时、有序、高效的学习习惯。虽然计划的制订者是孩子，但家长也要在一旁做好协助工作，好让孩子制订的计划更加实用、有效。在具体帮助孩子制订学习计划时，家长要注意以下几点。

1. 正确认识孩子目前的学习习惯和生活习惯，然后制订出相应的学习计划

任何计划都要有一个立足点，而孩子学习计划的立足点就是他们平时的学习习惯和生活习惯。只有根据孩子的实际情况出发，才能帮孩子制订出一个实用性强的学习计划。孩子在学校和家里的表现，是我们帮孩子制订学习计划的主要依据。

冯康是一名高二的学生，学习成绩非常好，这主要归功于他的爸爸。爸爸一向很关心他的学习情况，常常去学校里找老师，了解冯康在学校里的表现。清楚孩子的学习情况后，爸爸会根据他的学习习惯和生活习惯，找机会指导孩子制订合理的学习计划。

当冯康的学习状态良好时，爸爸建议他把学习计划安排得紧凑些，以便利用好这种学习状态；而如果冯康的学习状态不佳，爸爸便会建议他在学习计划中多安排一些课外活动，好放松一下身心。

在爸爸的帮助下，冯康总能制订出切实可行的学习计划，他的成绩一直是学校里的前几名。

想要帮孩子制订合理的学习计划，家长就一定要多费心，经常和老师联系，多观察、了解孩子的生活习惯和学习习惯。我们只有掌握了孩子的真实情况，才能在制订学习计划上给孩子正确的指引。

2. 学习计划的制订，一定要与老师的讲课进度同步

学习计划的制订，主要是帮助孩子利用好课余时间，做好功课的预习和复习。因此，学习计划必须要和孩子当前的课程学习进度同步，让孩子在学校里的学习和自学有效地结合起来，提高他们的自学效率。

杨森今年上高二，新学期开学后，他按照课本的目录给自己制订了一份学习计划。但他的计划是在半个学期里把新课程全部学完。妈妈劝他说：“学习计划最好按照学校的教学进度制订，否则必然导致你的学习事倍功半。”杨森却不以为然，固执地制订这个新计划。

等到学习真正开始时，杨森终于明白了妈妈所说的话。由于他的学习计划不能很好地和老师的教学进度结合，结果学习计划不但没有帮助他提高学习效率，反而成了他的负担，导致他的成绩不断下滑。

于是，在妈妈的建议下，他依照老师的讲课进程，重新制订了一份学习计划。新计划让杨森的学习变得顺利起来，很快他重新成为了班里的前几名。

对于孩子制订的学习计划，家长一定要做好参谋的工作。如果不清楚学校安排的课程进度，家长可以拿着孩子的学习计划去询问老师，让老师鉴定孩子的学习计划是否合理，能否与老师的讲课进程结合好。

3. 学习计划要松弛有度，给孩子留下一点自由的时间

家长在帮孩子制订学习计划时，切不可把时间安排得太紧凑。不能因为一个环节扣不上，就把后面的计划全盘打乱了。而且学习计划安排得太满，很容易消磨掉孩子的学习兴趣。因此，孩子的学习计划须留出一些自由活动的时间。借助这些时间，孩子可以娱乐放松一下，也可以调整计划中出现的某些意外情况。

周彤今年刚升入高二，学习非常认真，妈妈也帮她制订了相应的学习计划。但不知为何，她的成绩并不是很理想。有一次，周彤为了补上落下的计划，熬夜学习，不知不觉就趴在桌上睡着了。妈妈看到后，突然意识到自己帮女儿制订的学习计划任务太重了。

于是，等周彤醒来，妈妈和她一起修改了原来的学习计划，中间留出了很多自由时间。周彤的身心得到休息，学习状态恢复了，成绩也得到了提升。

给孩子留出一定的自由时间，孩子才能轻松地完成学习计划，才会一直保持学习的积极性，学习也会更有效率。

孩子的学习虽然有老师的帮助，但班里学生众多，老师的精力毕竟是有限的。所以，在为孩子制订学习计划时，家长需要负起责任，教育孩子科学地安排学习时间，让孩子更加轻松、快速、有效地学习。

不要只盯着分数

考试只是一个对平时学习的考核，考试分数不能证明孩子的能力。

致父母的话

考试成绩不理想，孩子心里也很难受，这时，家长不应该挑毛病，而是要帮孩子找出根本原因，提升他们的成绩。

生活小案例

王芸是一名高二的学生，几天前参加了一次月考，成绩很不理想，两三门成绩都是刚刚过及格线。妈妈本来以为是这次考试题目出的太难，可与别的孩子比较以后，她发现是女儿的成绩退步了。

这让妈妈很着急，孩子眼看就要升入高三了，如果成绩一直是这个样子，进入高三后，肯定更难调过来状态。王芸也很着急，看到自己的成绩下降，她整天都闷闷不乐的。

为了帮助女儿，妈妈先去和老师交谈了一下，大概了解了女儿成绩下降的原因。然后，她找个机会和女儿谈心，帮她分析了成绩变差的原因。主要是因为王芸在做题时，很多细节不能准确地掌握。

于是，妈妈根据这些分析，帮女儿制订了一份学习计划，教给女儿如何在学习中，更好地掌握琐碎的知识。按照妈妈制订的学习计划，王芸的学习变得得心应手起来，成绩很快就提了上去。

应对策略

每当孩子的考试成绩下来，家长们最关心的问题就是，孩子考了多少分。现在的社会，分数几乎成了衡量孩子学习好坏的唯一标准。孩子考试成绩好，家长就喜上眉梢；孩子考试成绩差，家长会马上阴下脸来，甚至还会责骂或体罚孩子。然而，家长这种对待成绩的态度显然是有失偏颇的。

孩子考好了，家长和孩子都高兴，皆大欢喜自不必说。可当孩子考砸了的时候，家长可曾想过孩子心里是什么滋味，成绩变差了，他们心里也不好受。这时候，家长再训斥、刺激他们，无异于雪上加霜。如果孩子的心理承受能力差，很有可能变得消极，甚至一蹶不振。因此，在孩子成绩不理想的时候，家长一定要压住内心的火气，用恰当的方法帮助孩子走出困境。

1. 帮孩子找出成绩差的原因，而不是找他们的“茬”

孩子成绩差，并不一定是因为贪玩。退一步说，即使孩子因为贪玩而耽误了学习，训斥也起不了多少作用。而且，很多孩子经过努力学习，取得的成绩依然很不理想。这类孩子本来就非常苦恼，如果家长再数落他们，孩子会觉得更加委屈，因为他们已经尽力了。而如果家长帮助他们找出考试失利的原因，结果则完全不一样了。

刘佻一直是班里的尖子生，可在高二的期中考试，他的成绩却很一般，物理只考了七十多分。回家的路上，刘佻一直很担心，生怕家里人批评他。可没有想到，妈妈看到他的成绩单后，并没有生气，而是笑着说：“偶尔考砸一次也不是什么大不了的事，这样还会帮你减轻一下心理负担。我想儿子下一次考试，物理成绩一定很容易超过这一次。”

接着，妈妈又说道：“学习也好，生活也好，总会遇到一点坎坷，这样我们才能明白，怎样做是对的，怎样做是错的嘛。跌倒一次没关系，只要能够爬起来就行了。俗语说得好‘失败是成功之母’！来，让我们好好看看试卷，找找问题的原因。”

看到妈妈没有训斥自己，刘佻有些惊讶，同时也心存感激。于是，他开始认真地和妈妈一起分析起考试失误的原因。原来，刘佻在做试卷的时候，格外仔细，结果导致做题的速度太慢，交试卷的时候，最后两道大题没做。

找到这个原因，妈妈对他说：“显然，因为你做题的速度有些慢，没有做完后面分值较大的题目。所以，在平时做练习题的时候，你要在速度方面多加注意，练习模拟题的时候，要记得限制时间，这样以后你在考试时间方面的把握，就不会再出现失误了。”

之后，刘佻按照妈妈所说，在做题时间方面进行了一定的训练，物理成绩重新提了上去。

从刘佻的妈妈那里，我们可以学到一条经验：不计较孩子分数的高低，淡化分数在孩子心中的分量。这样既可以帮助孩子尽快走出考试失利的阴影，又能让他们在下一次面对考试时，有一个轻松、积极的心态。可淡化并不等于完全不过问，我们要从孩子考试失误中找出问题的根本原因，然后让孩子在这方面加强练习，直至把这一弱点克服。

2. 努力发现孩子的进步，让他们发现自己的优点

有一些家长看到孩子的成绩下降后，便挖苦孩子说“不争气”“没出息”“没有希望”等。总之，只要成绩变差了，孩子也变得一无是处，错误成堆。然而，家长可曾想过，当我们把孩子定义为一无是处时，会严重挫伤孩子的上进心，让他们对自己失去信心，学习成绩也只会越来越差。如此，便进入了一个恶性循环。

所以，当家长发现孩子的成绩不理想时，除了要帮孩子找出考试失利的原因，也不要忘了及时给孩子一些鼓励，找出他们表现良好的地方。家长要让孩子明白，成绩不理想是另有原因，而不是因为他们能力不足。这些鼓励看似作用不大，但却可以让孩子感受到家长的支持、理解和期盼，激起孩子的学习劲头。

3. 给孩子定一个合适的目标，让孩子稳步前进

当孩子考试失利的时候，最需要的就是重新树立学习的信心。而帮孩子树立信心的最佳方法，就是给孩子定一个合适的目标，让孩子通过努力逐步实现目标，体会到成功的感觉，进而重新树立学习信心。

给孩子制定目标时，切记不能好高骛远，要根据孩子真实的学习情况，给孩子制定一个切实可行的目标，如此孩子加把劲就能完成。这样才激起孩子学习的动力，让他们努力去实现目标，也能在学习上更有信心。

做好考试总结

考试总结从表面上看只是一张写了文字的纸，其实它涵盖了孩子这一学期或者是这一阶段的全部努力和汗水，是很有价值的。从考试总结中能看到孩子平时已经掌握了哪些知识点，哪些知识点还欠缺，哪些是由于粗心而失分等等。

致父母的话

每一次考试都是一次总结，但是家长、老师往往会在考试之后听到孩子这样抱怨："唉，都是考试之前没有复习好啊，否则的话，我的成绩肯定比现在要好。"那么，家长应当如何指导孩子正确地面对考试，孩子在考试前应当如何复习呢？

生活小案例

方宇航已经是一名高二的学生了，可是，每次在考试过后，他都会陷入深深的自责之中。而且，每次考试之后，当父母让方宇航分析考试失败的原因时，他都会说："我考得这么差，都是因为没有复习好的缘故，而且，每次在考试之前，我都不知道应该如何去复习，不知道该朝着哪一方面努力，所以……"

为了帮助方宇航克服这个缺点，让他的成绩有所好转，方宇航的爸爸决定带着方宇航去拜访自己的一位好友。好友家的女儿今年刚刚参加了高考，而且还考出了市理科状元的好成绩。所以，方宇航的爸爸才想着去好友家"取经"。

好友知道了这一对父子的来意后，没有拒绝，直接喊出了女儿，让女儿给他们介绍一下自己的考试心得。好友的女儿也没有见外，低头组织了一下语言之后，就开口说："其实我能够考好还真的有一个法宝，这个法宝就是我每次考试之后的试卷。"

看了一眼周围正认真听自己讲话的众人，女儿又接着说了下去："其实考试前的那段时间也非常宝贵，不过很多人都没有将之完全利用。这不仅是因为对考试的恐慌，也是因为不知道在这么短的时间里，自己该怎么做才会让实力发挥到最大。"

"是啊，我就是这样，每次考试前都觉得要好好准备，可是总无法静下心来，而且也根本就找不到复习的重点……"方宇航接过了话头，不过说着说着，他自己都不好意思了，声音也渐渐低了下来。

女孩并没有在意，她向方宇航笑了笑，又说："其实，以前的时候，我也曾这样恐慌和焦虑过，不过后来，我在一位老师的指导下，开始重视自己的试卷。每一次考试之后，我都会将自己的试卷再细细地过一遍，将那些在考试中不确定或者不会的试题重点标注，然后将与之相关的知识点都一一整理出来，再细细分析。”

“每次考试之前，我都会将这些整理的试卷拿出来，重点对那些曾经不确定、没掌握的知识进行复习。这样不仅重心明确，而且每次复习针对的都是自己的薄弱环节，所以也就将失分的概率降到了最低。而且只要坚持下去，就能够发现，其实每一份试卷的命题风向都有迹可循，高考也是如此。所以，我才能在高考中取得不错的成绩。”

在回家的路上，方宇航对爸爸说：“爸爸，今天我才知道，原来并不是随随便便就可以成功。那些收获成功的人，他们都有着自己的方法，也都为此而努力坚持了。所以，他们的成功才会水到渠成。”

爸爸没有说话，他知道，自己已经不需要再说什么鼓励的话了，儿子一定会有所改变的，因为儿子已经从根本上认识到了自己的不足。

应对策略

回头想想我们当年，又何尝没有出现过像方宇航这样的心态呢？所以，如今为人父母的我们，更不能让“历史重演”，那么，帮助他们正确面对考试，正确面对那些让自己又爱又恨的试卷吧。

1. 调整心态应对考试

考试不仅是一次与出题老师的斗智斗勇，也是对孩子这一段时间以来所学知识的一次总结。教室无法像工厂车间那样，大批量、标准化地出产优秀产品。而且，在一段时间的学习之后，学生们也需要这样的考试来证明自己，来挑战自己，同时也借此来反省、认知自己。

很多时候，虽然孩子在上课之前特意预习了，在上课时间认真听讲了，在自习时间也仔细地复习了，但是如果没有考试的测试，那么孩子仍然无法确定自己对这段时间所学的知识点的掌握程度。

此外，只有孩子的考试结果显示出他的薄弱点之后，家长和孩子才可以有针对性地安排学习计划，找准未来学习的方向。如果孩子的薄弱点未曾被发现，那么这些薄弱点就会像不定时炸弹一样，对孩子的成绩构成危险。

因此，当考试的时间到来时，家长应当引导孩子认真对待试卷上的每一道习题。这不仅是对出题老师的一种尊重，更是对孩子成长的一种负责。

2. 重视每次考试之后老师的总结

牛顿曾经说过："如果说我比别人看得远，那是因为我站在巨人的肩膀上。"对于学生来说，老师的总结是真正的"巨人的肩膀"。每一次考试之后，老师都会对试卷有一个详细的分析，同时也会对学生这一时段的学习情况进行一次点评，这些都是需要学生去认真聆听的。

对于学生来说，他们不仅需要知道自己对知识的掌握程度，同时也需要明白，以自己现在的这种情况，是否能考入理想的大学。虽然无法从一次考试的成绩中得出学生高考成绩的结果，但是对于经验丰富的老师来说，他们能够结合历来学生的考试成绩以及高考的结果，对现在的学生进行一个定位，而这个定位可以作为学生努力超越的目标。

不过，家长应当建议孩子在老师对试卷进行分析之前自己进行一次分析，然后在老师进行分析的时候，就可以将自己的分析结果与老师的分析结果进行比较。这样不仅可以增强学生对这份试卷的记忆程度，同时也可以让学生对老师的分析方法更加明确，更有利于孩子今后的学习。

孩子与家教老师

家教并不是每个孩子都会适应的，请家教如果不符合孩子的心理需求，不仅不会提高孩子的成绩，反而会给孩子造成心理压力。请家教要根据孩子的实际情况来定，同时也要征求孩子的意见，如果孩子愿意请家教，那么就可以请；如果孩子特别反感请家教，那么请家教就没有意义。

致父母的话

家教老师可以指导孩子在课余时间学习，但家教并不能改变孩子的观念。如果孩子根本对学习不感兴趣，即使请再多的家教老师对孩子的学习也毫无帮助。

生活小案例

案例1：

谢海读高三时，妈妈为了让孩子在学习上再加把劲，没经过谢海同意便给他请了一个家教老师。本以为孩子的成绩会有所提升，可谁知道这反倒使孩子产生了厌学情绪。每到周末，他就一脸的不高兴。

妈妈以为孩子过一段时间会慢慢适应，可真正过了几周以后，谢海不仅没有适应家教，反而更加厌学了。后来，妈妈听老师说，最近谢海常常无故旷课，即使在教室里，他也不再好好学习，不是发呆就是睡觉，成绩下降了很多。

看到这种情况，妈妈吃了一惊，连忙辞掉了家教老师。之后，谢海的学习状况才慢慢好转。

案例2：

吃晚饭的时候，爸爸和韩玉说起了请家教的事，韩玉表示反对，他觉得凭借自己的自制力，自学完全没有问题，不需要家教老师来看管。

这时，爸爸对他说："请家教并不是为了让老师看着你学习，而是为了辅助你学习。你的数学成绩一直都不错，但我听老师说你数学上仍然有弱项。如果请个家教来帮帮你，以后你的数学就有可能拿满分了。另外，你的语文成绩主要是差在作文上，我们可以帮你请个专门教作文的老师，好让你的语文成绩也提上去。"

听了爸爸的话，韩玉觉得很有道理。看着孩子沉思的样子，爸爸接着说道："你可以先尝试一段时间，如果不能适应家教，到时再辞掉也不迟啊！"终于，韩玉点了点头。

后来，韩玉在家教老师的帮助下，数学和语文的成绩都得到了提升。

应对策略

对于现在的孩子来说，给他们请家教已经成为了一种普遍的现象。家长为孩子请家教的原因很多：孩子的学习遇到了困难，家长太忙没有时间，家长的知识不足以辅导孩子，等等。似乎帮孩子请家教已经成为了家长对孩子学习关心的一种代表。

然而，请家教是一门很深的学问，请对了，可以让孩子的成绩大幅度提升；请错了，不仅对孩子成绩的提升不会有帮助，反而可能会让孩子产生厌学情绪。所以，在帮孩子请家教时，家长一定要谨慎，再谨慎。

1. 根据孩子真实的学习情况，判断该不该给孩子请家教

给孩子请家教前，家长首先要明白一点：孩子学习的知识主要来自学校的正规教育，而家教只是一种辅助教育。想要提高孩子的学习成绩，最根本的应是让孩子在学校里学好，然后再根据孩子的个人需要，请家教适当补充知识。

那么，家长到底该不该给孩子请家教，该请什么样的家教呢？这一点，我们要根据孩子的自身情况而定。

有的家长觉得自己家的孩子学习差，看到有些请了家教的孩子学习很好，于是便盲目跟风，请来各种各样的家教，对孩子进行课外辅导。结果几年下来，孩子的学习成绩不仅没有提上去，反而变得更加惨不忍睹。

为什么会出现这种情况呢？显然这些家长只给孩子请了家教，却没有对孩子的学习观念进行纠正。孩子觉得自己在学校里劳累地学习了一天，结果回家后还有老师看着学习，久而久之，学习的压力感骤增，甚至出现厌学情绪。孩子根本就不愿意学习，又怎么能学好呢？对此，有些家长的做法可以给我们借鉴。

林夏是个听话的孩子，也非常热爱学习。进入高中后，她通过自己的努力和妈妈的辅导，学习成绩一直都是班里的前几名。后来，妈妈看到很多家长都给孩子请了家教，便也考虑是不是该给女儿请一个家教。

和林夏的爸爸商议后，两人权衡再三，最终还是放弃了给孩子请家教。因为孩子本身就能够学习得非常好了，贸然有个家教介入，反而可能会打乱孩子的学习规律。结果证明，他们的做法是对的。虽然没有请家教，林夏还是凭借自己的努力考上了市重点高中。

对于这类学习主动性很强，平时又严格管理自己的孩子，他们不需要别人来帮助自己，请了家教甚至还有可能扰乱他们的学习，得不偿失。林夏父母的做法是明智的。

那么，到底什么样的孩子最应该请家教呢？如果孩子的学习主动性很强，但成绩却不理想，这种情况下，家长就要考虑给孩子请一个家教了。

这些孩子很可能是因为他们的学习方法不正确、学习效率低下而导致成绩不理想，但学习成绩的提升空间很高，只要家教老师带领孩子走上正确的学习道路，孩子的成绩会大幅度提升。

另外，对一些偏科的孩子，家长也可以给孩子请家教，但要叮嘱家教老师多多培养孩子的学习兴趣。只有对弱势学科感兴趣，孩子才能有足够的学习动力。

2. 家教求精不贪多，最好不要超过两个

提起请家教，很多家长根本没有准确的概念。为了帮助孩子全面提升成绩，他们往往不惜重金给孩子的各个学科都请来家教。结果可想而知，孩子每天忙碌于各类家教的补习中，逐渐变得筋疲力尽，学习成绩也是一塌糊涂。

高中生的学习压力本来就不小，休息的时间非常有限。如果家长请来众多家教轮番“压榨”孩子的休息时间，很容易致使孩子学习疲劳过度。接下来的情况就是：在家里没法休息，孩子就只能在学校里休息；在家里没法玩，孩子就只好旷课去玩了。这样本末倒置，结果往往事与愿违，孩子的学习状态越来越糟糕，成绩也只会越来越差。

所以，给孩子请家教时，家长要精打细算，看看请哪科的家教对孩子最有利。请家教首先考虑的是缺啥补啥，让孩子的弱势学科得到提升，不至于拉下总体成绩。另外，对于成绩中上等的孩子，家长也可以对孩子的强势学科再拔高，让孩子的强势学科更加突出，进而提高孩子的总体成绩。

选择题：书籍与电视

电视是人类高新科技的成果，书籍是人类进步的阶梯，两者之间从表面看没有太多的联系，但是将这两样东西放在一个有高中生的家庭里面就会有联系了。孩子是看电视还是看书呢？书能增长知识，但是电视的一些法制频道和科技频道也能开阔视野。建议孩子先看书，以书籍为主，当该完成的学业任务完成，可以适当地选择一些电视来看。

致父母的话

在书籍与电视之间进行取舍的话，高中生该如何选择呢？家长要结合孩子的学习情况来要求，当然，孩子若没有完成学习任务是不能看电视的。

生活小案例

国庆的长假终于来临了，虽然爸爸由于工作的原因到外地出差，女儿因高三功课比较紧张，只有三天假期，但是母女俩还是非常满意的，因为她们至少可以在一起度过三天的放松时间。

但是很快，母女俩就感觉无聊了。把手里的遥控板摁了一圈又一圈，电视里的节目也是换了一个又一个，可是始终没有一个能够让她们俩都感兴趣的节目。看着女儿百无聊赖的模样，妈妈突然想起一个问题：当年的自己，有过这样感觉无聊的时间吗？

答案是否定的。妈妈像女儿这么大的时候，家里虽然不是很穷，但是女儿的姥爷、姥姥却觉得电视并不实用，因此他们宁愿购买书籍，也不愿意买一台电视。不过，那个时候的妈妈对书籍非常感兴趣，常常一看就是一天的时间，而且还感觉回味无穷。

于是，妈妈向女儿问道："如果现在给你两个选择，一个是书籍，一个是电视，你会选择哪一个呢？""那当然要视情况而定啦。"女儿回答说。

"比如说呢？"

"比如说，如果是外出旅行的话，我肯定要选择书籍啦，毕竟电视携带不方便啊。不过，如果是让我待在家里的话，我就选择电视啦。"女儿一本正经地说道。

"为什么呢？"妈妈感兴趣地问。

"你想啊，外出旅行的话，肯定有很长的时间需要在路上度过，那么带一本书的话，就可以打发那大把的无聊时间；但是在家里的话，还是有画面、有声音的电视看着比较舒服啊。而且我的手还可以腾出来拿零食，嘻嘻……”女儿调皮地回答。

妈妈这才知道，原来女儿的心中是更倾向于电视的，之所以第一个会选择书籍，只不过是出于无奈罢了。谈话结束后，妈妈陷入了沉思。

应对策略

案例中的妈妈更倾向于书籍，她喜欢书籍给自己带来的无限想象空间以及那意味深长、发人深省的隽永词语。但是，女儿却更喜欢电视，她喜欢电视直接带来的视觉、听觉的享受。那么，在书籍与电视之间，有不可调和的矛盾么？

1. 书籍是人类精神的食粮，是人类历史上不可或缺的瑰宝

书籍的历史源远流长，它传承了几千年的文明，是人类智慧与经验的总结。同时在阅读书籍的过程中，读者能够充分发挥自己的想象力，在现实与想象之间，享受那种阅读的奥妙美感。

与此相比，电视虽然集画面与音质于一体，但是它却减少了人们思考与想象的空间，无法让观众体会到作者当初的那种心情。就好比阅读一本小说，与观看根据这本小说拍摄的电视剧、电影是两种截然不同的感受。

同样的道理，孩子通过教辅书进行学习与孩子通过视频资料进行学习，也有两种截然不同的效果。随着科技的进步，人们学习的方式与途径也越来越多，可以供孩子选择的学习途径也越来越多。

虽然视频相比参考书来得更加直接、快捷，但是观看视频就像坐在教室中听老师讲课，孩子仍然会有许多薄弱知识点在无形之中被忽略过去而不自知。阅读教辅资料则不会出现这样的问题。

对孩子而言，在阅读教辅书时，他遇到的所问题都只能靠自己解决，从而减少了依赖心理。而且，孩子在独自通过教辅书进行学习时，注意力更容易集中，也更容易发现自己知识的薄弱点，从而进行有针对性的学习，更容易获得提升。

2. 电视是人类科技进步的成果，是最新时讯的传递工具

古人云：“不出门而知天下事”。但是在古代时由于通讯方面的限制，往往很多消息都无法及时送达，这就导致了消息传递的延迟性。同时，由于消息传递方式比较单一，民众获得的信息量也极少。

随着电视的出现，各种媒体也如同雨后春笋般涌现出来。而对于高中的孩子来说，高考不仅会考察他们对书本知识的掌握程度，更重要的是会考察他们的综合实力。而孩子只有关注时政，关心社会民生，才能够在高考之时综合展现。

当然，就像书籍中有许多不适合学生阅读的内容一样，有许多电视节目也同样不适合高中生观看。因此，家长应当适当引导孩子对电视节目的兴趣，将孩子的关注点更多地引导到时事、新闻方面，而不是以娱乐为主的休闲节目或电视剧。

毕竟，对于高中生来说，学习才是他们的主要生活，也是他们努力的主要目标。但是，任何的努力都是需要时间去累积的。如果孩子将大量的时间耗费在观看电视节目之上，诚然，他获得了一时的开心，但是在残酷的高考面前，没有谁能够获得侥幸。

所以，在书籍与电视之间，并非一定要二选一，但一定要合理地安排时间。同时，家长应当引导孩子，让孩子明白自己的目的。至少，孩子需要知道，自己要从书籍中得到什么，自己要从电视之中得到什么。

这样带着目的性去学习，从书籍中获得基础知识，让孩子对于高考的信心进一步增强；从电视中观看时事，了解周围大事，让孩子的眼界不再局限于一镇、一县，让孩子不再懵懂无知，让他真正地“不出门而知天下事”。

网络利用好，便是学习的工具

曾几何时，网络已成为人们日常生活不可缺少的元素。学习、生活、工作等都离不开网络。网络带给人类的方便是显而易见的，但也不难发现，很多人也是网络的受害者，用它的人用好了，受益很多，用到坏处，也会使人误入歧途。

孩子处于高中阶段，要是家长片面地认为网络影响孩子的学业，不让孩子触碰网络，那么孩子就会一心一意地把心思放在学习上吗？网络是一把双刃剑，网络利用好便是学习工具。在关于网络的话题上，家长应该正确地引导孩子利用网络来增长知识。

致父母的话

任何事情都具有双面性，在网络高速发展的今天，如果由于害怕孩子沾上“网瘾”，就一味地拒绝让孩子上网，并且为此同孩子展开一系列的“斗智斗勇”，其实是一种非常不可取的做法。要知道，许多时候，孩子只是将网络当作一个工具，一个他获取信息的工具而已。

生活小案例

徐飞升入高三之后，父母就非常担心他的健康。所以，他们不仅准备了许多保健品，而且，每天都监督着孩子的作息时间，希望能够通过这些措施来保障儿子的健康。但是父母很快发现，他们的这些做法好像并没有获得儿子的赞同。

每天晚上，当徐飞回到家中的时候，就已经接近九点了。这个时候，父母希望他能再稍微吃点东西，然后便洗漱、睡觉。但是，他们却无奈地发现，儿子回家后，第一件事就是打开电脑，一玩就是半个多小时。

起初的时候，父母心中虽然不喜，可是，想想孩子已经在学校里辛苦了一整天，于是便不忍心对他进行责骂，只是将准备好的食物放在孩子的面前，然后默默离开。好在徐飞玩电脑的时间有限，从来都没有超过一个小时。

但是，随着时间一天天过去，父母还是忍不住了。他们觉得孩子每天晚上都是在又困又累的情况下才休息的，长此以往，学业超重的他根本就撑不下去。他们想跟孩子谈一谈，让孩子戒掉这上网的“瘾”，将上网的时间用来休息。可是，他们却担心这样的谈话会引起孩子的反感，到时候不仅无法帮助到孩子，甚至会影响孩子的学习。

最终，父母在一位教师的建议下，同孩子进行了一次委婉的谈话。通过这一次谈话，他们最终达成协议：孩子可以在单日的时候上网，但是上网的时间不能超过半个小时，同时，如果休息时间不够而影响到孩子的学习时，他就必须停止上网。

应对策略

在父母的眼中，电脑前的子女总是在玩游戏，而且似乎毫无节制。可是，家长有没有认真分析，或者同孩子交谈，是否真正明白孩子如此迷恋上网的原因？

毛泽东曾说："没有调查就没有发言权！"那么父母真正调查过孩子上网的所有时间都是用来玩游戏么？这个答案似乎只有真正同孩子交流过的父母才会明白。

1. 查看最新资讯

随着社会的发展，电脑已经成为了家中必备的电器之一，也成了学生最青睐的电器之一。而网络的普及也确实给孩子们的学习带来了许多便利：网上课堂、新闻资讯、百问百答……

曾经有一位不赞成儿子上网的母亲，为了让升入高中的儿子将全部心思都用在学习上，她拔掉了家中的电话线。但是没过多久，这位母亲就发现，孩子是远离了电脑，但是他竟然开始用手机上网。愤怒的母亲一把上前，将孩子的手机没收了。

就在母亲以为孩子再也没有上网的机会时，她却发现放学回来的儿子的手上又出现了一部手机。当她询问手机的来历时，儿子小声说是借同学的。

当这位母亲在朋友面前诉苦时，朋友劝她同儿子认真沟通一次，将所有的心结都打开，这样或许更能促进孩子的学习，她同意了。就在当天晚上母亲和儿子谈话之后，她才知道，原来这段时间正是NBA季后赛的日子，孩子非常喜欢篮球，而且他周围的朋友也非常关注篮球资讯，所以他才会上网关注最新信息。

听完孩子的解释后，妈妈终于下定决心，允许孩子上网，但是有时间限制，而且不能影响到他正常的学习进度，孩子也一一答应了。

2. 释放心理压力

高中孩子承受很大的心理压力，可很多时候他们无法找到合适的人诉说，于是网络就成了他们唯一的发泄通道。在那里，他们同陌生人交谈；在那里，他们倾诉心底的压力。不知不觉中，心里的问题都有了圆满的答案，他们心中的枷锁也得到了解脱。

所以，在日常生活中，多陪孩子聊聊天，帮助孩子及时解决生活中出现的问题，降低孩子身上背负的压力，也同样能够减少孩子上网的时间。

3. 寻找自信

很多时候，孩子开始迷恋游戏，恰恰说明在孩子的身旁发生了一些影响到他的信心及情绪的事情。而孩子在游戏中，则会通过一些成就、排行榜等游戏事迹来提升自己的信心。

如果此时父母能够及时发现孩子的问题，并且针对孩子最近的一些提升进行鼓励，那么孩子将会更加自信，他也会早一日离开现在寄托希望的游戏。

诚然，有许多孩子沉迷于网络游戏不可自拔，但是我们应当知道，任何事情都具有双面性。就像我们不能因噎废食一样，网络同样能够给孩子带来许多益处。但是，在享用网络便利的同时，家长也不能忽视对孩子生活和学习的引导，只有双管齐下、因势利导，才能帮助孩子成功！

学习不是为了应付老师和家长

一个孩子要搞好学习，也需要一种动力。科学研究证明，兴趣是推动学生学习的一种最实际的动力，它能促使学生乐此不疲地去学习，并得到很大满足。所以，在现在的教学实践中，许多老师都在积极地培养学生们的学习兴趣。这其实也是父母需要做的。

对家长来说，孩子终有一天将离开自己，他们终有一天要独自去闯荡，所以，给孩子提供良好的学习环境诚然是一件非常重要的事情，但比这更重要的是帮助孩子养成良好的学习习惯。那么，家长应当如何帮助孩子培养出科学有效的学习习惯呢？

致父母的话

每个孩子良好的学习习惯都是父母精心培养的结果，从来没有一种成功叫做偶然，所以，从现在开始，为了培养孩子的好习惯而努力吧，让学习成为他生活中不可或缺的一部分，让他从此刻朝着成功的方向前进。

生活小案例

案例一

小琪的父母一直都非常重视对小琪学习习惯的培养，他们认为，只有调动起孩子的积极主动性，在孩子的心中树立起“我要学，我会学，我为自己而学”的思想，才能够让孩子拥有优秀的可能。

虽然小琪的父母一直都朝着这个方向努力，可是由于小琪从来就没有离开过他们，所以，两人也不知道自己的付出究竟有没有效果。直到有一天，小琪告诉他们，她被学校选中去上海参加一个全国性的竞赛，会离开他们一段时间。父母相互对视了一眼，虽然有些担心，但还是同意了。

不过，由于这是小琪第一次离开家，所以，父母每天都与带队的老师保持着联系，想要知道小琪的状况。这天，当小琪的父亲给带队的老师打电话时，老师兴奋地告诉他，今天学生们都跑到甲板上疯狂了一把，而玩得最“疯”的那个就是小琪。

小琪的父亲听得“呵呵”直笑，自己的女儿是什么性格，他当然最清楚不过了，只要有玩的机会，小琪是肯定不会错过的。老师接下来的话，让小琪父亲感到更加欣慰了。老师说，晚上到了学习的时间，其他同学仍在打闹、嬉戏，但是小琪已经旁若无人地拿起书本开始学习了，还带动周围好几个同学一起学习呢。

小琪的父亲将老师的话转述给小琪的母亲后，两人不禁会心地笑了出来，他们知道，自己这些年的辛苦终于没白费了。

案例二

姜雨乐已经是一名高二的学生了，但是她的父母却总觉得女儿已经对学习失去了兴趣。过去姜雨乐每天回到家后，第一件事情肯定是积极完成当天的家庭作业，然后才进行其他的业余活动。不仅如此，以前姜雨乐常常要求父母给她买一些参考书、辅导资料，还主动要求请家教。可是现在父母每天几乎看不到她学习了，她不是在看电视，就是在玩电脑，要不就拿手机和朋友聊天。

雨乐的父母非常担心，还有一年的时间就要高考了，可是女儿这个样子，到时候能考出好成绩么？他们唉声叹气，却不知道该怎么解决这个问题。

应对策略

1. 学以致用，让孩子对知识理解得更深刻

事实上，孩子学习的知识从高中开始与现实的联系就已经非常紧密了，只是对孩子来说，许多时候在学校学习的知识只是为了考试，而不是学以致用。

因此，家长应当采取一些措施，及时引导孩子，让孩子意识到知识在现实生活中的重要性，从而引起他们的兴趣，提高孩子学习的自觉性。久而久之，就可以帮助孩子养成自觉学习的好习惯了。

从这一方面出发，打个比方：许多数学成绩不好的学生往往更容易丧失学习数学的兴趣，但是数学的知识往往又与生活结合地比较紧密，因此，只要家长注意引导，就能够重新将孩子的兴趣树立起来。

比如说，现在需要从低处爬到屋顶，如何架起竹梯也是有技巧的。一般而言，竹梯与地面之间的角度越小，人在竹梯上的稳定性越强；反之，如果竹梯与地面之间的角度非常大，几近直角，则人根本不可能再处于竹梯之上。

像这样的情况几乎常常会出现在家庭之中，如果此时家长能够及时引导，让孩子对这一现象进行分析，相信即便他一时无法说出其中的道理，也会在事情结束之后悄悄地查找资料。这样，家长的引导作用也就充分地体现出来了。

2. 支持孩子的业余爱好，同时借此将孩子的学习兴趣激发出来

每一名家长都有望子成龙、望女成凤的心理。所以，当孩子升入高中之后，家长往往插手孩子的时间安排，恨不得将孩子的一分钟掰成两半用。而且，每当孩子进行一些与学习无关的事情时，父母都会对孩子一通责骂。

对此，孩子往往苦不堪言。这就容易导致孩子常常趴伏在书桌上努力学习，但是最终的考试结果却令人失望，与父母的期望相去甚远的情况。而且，父母的这些安排还容易引起孩子的逆反心理，让孩子在不知不觉中就站在了父母的对立面，最终让孩子的成绩更加惨不忍睹。

因此，当孩子对某一爱好产生兴趣之后，父母应当首先给予赞同，给孩子一些支持与鼓励。同时，父母又可以借此与孩子进行“谈判”，要求孩子在保障学习成绩的前提下发展自己的业余爱好。

这样一来，孩子将会大大提升自己的学习效率。因为只有这样，他才能够挤出更多的时间用在自己的业余爱好之上。同时，对业余爱好的追求以及擅长也能够让孩子在同龄人之中获得赞扬，从而提高孩子的自信心，让孩子更加健康的成长。只有自觉奔跑的孩子才能够在“高考”的这场赛跑中跑得更远、更快，也只有自觉奔跑的孩子才能在“高考”的竞赛中成功举起荣誉的奖章。所以，从现在开始，家长要注重提高孩子的学习效率，提高孩子的学习自觉性和学习习惯，助孩子走向成功。

备考篇

拥抱高考，畅想未来

高考是海，青涩的孩子们也曾恐惧它、试探它。然而，当孩子们懂得人生的成长便是一次次从此岸到彼岸的跨越时，便可以接受它、拥抱它并超越它。高中三年，每一次日出、每一层涟漪都是美丽感人的；每一袭风波、每一片乌云也都是值得感激的。

热爱可以创造奇迹。如果我们热爱登山，我们可以忘掉旅途的危险与劳顿，勇往直前；如果我们热爱文学，我们可以废寝忘食，夜灯长明；如果我们热爱高考，那么，一切都将变得简单而和谐。

陪读，施压还是释压

高考是所有家长都无法忽视的一个重大事件，同时也是孩子高中三年最重要的一次“总结”，它甚至影响着一个学生一生的命运。所以，许多家长在孩子高三这年选择做“全职妈妈”，每天精心打理孩子的生活，特意陪护在孩子的身旁，希望孩子考出一个优异的成绩。

然而，家长忽视了一个问题：在自己一心一意为孩子付出的同时，自己放弃的，是不是除了工作之外，还有其他一些东西，比如时间。

致父母的话

陪读，提高孩子的学习成绩仅仅应当是目标之一，我们更需要帮助孩子释放压力，帮助他们培养处理事情的能力，以优秀大学生的标准来要求他们。

生活小案例

石小磊的妈妈是一位朝九晚五的白领，工作虽然不是特别劳累，但是由于每天到家的时间都在儿子之后，所以，每天晚上回家后的第一件事就是为等了许久的儿子做晚饭。每当这个时候，她就非常自责，同时也觉得，那些家里有老人照料或者有“全职妈妈”的孩子多幸福啊，每天放学回到家就能看到热乎乎、香喷喷的饭菜。

在小磊升入高二时，妈妈征得爸爸的同意后，辞去了工作，开始了“全职妈妈”的生活。

起初的一段时间里，妈妈每天都将家里整理得干干净净、整整齐齐。白天的空闲时间里，她可以看看书，和朋友打电话聊聊天，上网打发时间。每天都早早地准备好美味的晚餐，等待着儿子回来。而晚上，小磊吃着美味可口的饭菜连声称赞。丈夫到家后，也为家里环境的改变而大为吃惊。看着丈夫和儿子幸福的笑容，妈妈觉得，在家做个“全职太太”其实也挺好的，像现在这样的家庭生活，不是也挺让人享受的吗？

可是，随着时间增长，她感到自己的生活轨迹渐渐发生了偏移。看书感到无聊，打电话感到无聊，上网感到无聊，当丈夫和孩子回来之后，自己的唠叨也越来越多，同时也觉得孩子身上的缺点越来越多：脏衣服随便丢，学习时间也有所减少，上网时间却有些增多……

同时，妈妈还感觉到自己似乎有向“祥林嫂”转变的趋势，好像总有一种倾诉的欲望似的。小磊也开始抱怨妈妈，说妈妈现在对他的成绩比他还在意，甚至都有一些“神经质”了，搞得他现在也“压力山大”，每次考试总是患得患失，害怕考得不好。而且，小磊也觉得，母亲是为了自己的学习才辞职的，所以如果考不好的话，会更加对不起她，也因此更在意成绩了。

可是小磊发现，随着自己的担忧越来越多，成绩也越来越差。虽然小磊花费了更多的时间来学习，但是好像注意力越来越难以集中，学习的效果大打折扣，而自己每次面对考试时的信心也越来越小。

应对策略

想一想这样的生活：清晨，准备好早餐，叫醒孩子和丈夫，他们匆匆吃过之后又匆匆离去，只留下你一个人面对着杯盘狼藉的碗筷和突然安寂的空荡荡的房屋。然后，从这一时刻起到孩子放学回来的这段时间里，没有可以说话的人，没有需要忙碌的事情。

在这样的环境下，你会想些什么事情呢？想想自己的初衷，是为了照顾即将高考的孩子，那么将注意力放在孩子的身上吧。可是，孩子的脏衣服已经洗完了，他又不在面前，为了知道自己照顾的结果，也只有去查阅孩子的成绩单了。而且，自己最大的愿望不就是让孩子可以考一个理想的成绩么？

接下来，一切似乎顺理成章了，儿子回来之后，询问他在学校的情况，原本温馨的关怀却有很大的可能因为自己已经憋了一天的倾诉欲而变成喋喋不休的唠叨，而每一日这样的重复则在无形中给孩子增添了心理压力。

过大的压力让孩子无法从紧张的学习生活中放松、解脱出来，他脑海中就像是有一根紧绷的弦一样，这根弦让他事倍功半。这样的结果会轻松动摇孩子的信心，甚至使他产生厌学的心理，更甚者会严重影响到母子之间的关系。

其实，对家长而言，成绩优秀的孩子固然好，但是我们更希望孩子能够成为一名心理健康、个性飞扬、德智俱优的大学生，而这些才应该是家长“陪读”的真正目标。那么，应当如何做才能实现这样的目标呢？

1. 有自己的事情，让自己的世界丰富起来

陪读当然应当以孩子为主，但是如果家长的世界里只剩下了孩子，那么在关心的同时，也会给孩子带去许多无形的压力，陪读就变成了一种“监督”，也就违背了当初家长陪读的出发点。

相反，如果父母将空闲的时间利用起来，学习一些自己喜欢却一直没有时间实现的东西，成功地分散自己的注意力，那么，不仅能够丰富自己的生活，也有助于为孩子提供一个轻松的环境，让孩子的学习做到“张弛有度”。

2. 注重培养孩子的信念

高中是孩子完善人生观、价值观的重要时期，因此，家长在陪读过程中应当注重对孩子信念的关注及培养。这就需要家长在与孩子的闲聊中，能够及时发现孩子观点的不足或偏向，进而用温和的方式对孩子进行引导。

3. 协助孩子培养处理事情的能力

高中生活虽然比较单纯，孩子不会遇到太多复杂的事情，但是“麻雀虽小，五脏俱全”，如果能够从他们身旁的事情入手，有意识地培养孩子处理事情的能力，不仅能够让他们在参加高考时轻装上阵，而且可以让孩子进入大学后能够游刃有余地处理好自己的生活。

模考多努力，高考少惆怅

模拟考试之后，学生成绩的排名必不可少，而孩子成绩所处的排名以及往年学校考生被录取的情况，都可以为孩子填报高考志愿提供参考，而且这些数据颇为精准。

总之，在面对模拟考试成绩的时候，家长应当以鼓励为主、分析为辅，帮助孩子调整好心态，让孩子能够在高考之前解除焦虑，正确认识自己。只有这样，孩子才能够将模拟考试的作用发挥到极限，才能够自信、勇敢地向高考发起冲锋。

致父母的话

模考虽然也十分重要，但是家长应当意识到，模考终究是为高考服务的，所以，家长应当从高考的角度去看待模考，用正确的态度应对模考，及时帮助孩子解决在模考中暴露出来的问题，及时帮助孩子调整心态。

生活小案例

有一位家长在孩子三次模拟考试之后，与孩子班主任进行谈话，流露出一种非常失望的心情：“孩子平日里成绩还是不错的，原本我还以为他能够冲击重点大学呢，没想到孩子模拟考试的成绩都这么差。”

班主任对家长的话却不以为然，他告诉这位家长：“我知道他的问题，很明显他过于重视这几次模拟考试了，以至于考试的时候状态不佳，没有将自己真实水平发挥出来。不过距离高考还有一些时间，只要你们能够多多鼓励孩子，他考入重点大学的希望还是很大的。”

家长却仍然是一副忧心忡忡的样子：“谢谢您的安慰，不过……唉！”他的神情中仍然透露着一种无法释怀的样子。班主任由于身旁需要忙的事情很多，也没有再过多劝解，他相信，如果这位家长能够听从自己的建议，帮助孩子调整心态，那么孩子一定能够考出一个理想的成绩。

可是，高考结束后，那名学生的成绩却让班主任大吃一惊：他的分数比二本线的分数都要差20多分呢。班主任与那名学生见面后，问起学生失利的原因。

没想到，学生倒是很平静。他说：“这个结果不就应当是我的正常水平吗？三次模拟考试中，我的成绩也是这样的啊，我早就知道自己考不上好大学了，只是，我的成绩让爸爸失望了。”

班主任忽然就想起了家长那张失望、忧心的脸，他也有了一丝悔意，如果当初自己多用心一把，多开解一句，是不是就会出现不同的结果？

应对策略

案例中的学生和家长都过于重视三次模考的成绩，却忘了模拟考试最终也是为高考服务的，是高考前一个查缺补漏。而且，在高考巨大的压力面前，孩子往往会比平日里更加敏感，通过模拟考试亦可以调整孩子的心态。

很明显，家长的悲观心态严重影响到了孩子。孩子的心理从不甘到屈服，再到平静接受，必然饱受折磨。如果家长不是那么过于重视模考成绩，能够帮助孩子分析模考中的失误，帮助孩子制定有效的解决方案，或许这名学生能够考出优异的高考成绩。

那么，在模拟考试之后，家长应当如何做好后勤工作呢？

1. 以积极的态度面对孩子的成绩

无论成绩是上升还是跌落，高考一日没有结束，孩子就一日不得放松。在激烈竞争的当下，只要还没有度过高考，所有的时间都可以用来备战。

所以，家长应当以积极的态度面对孩子的模考成绩，将模考当作最后一次查缺补漏的工具，帮助孩子整理好踏入高考战场的背包，让孩子能够在模考之后挺起胸膛，自信满满地迈入考场，以一种无所畏惧的姿态去迎接这一场关乎人生转折的考试。

2. 正确引导孩子的心态

模拟考试的科目安排以及时间安排都与高考一样，所以，在模拟考试之后，家长应当及时引导孩子进行总结，让孩子思考自己在对时间的安排上是否还有缺陷，自己的作息时间是否还有所不足。

同时，家长还需要注意引导孩子，莫让其过度重视模拟考试成绩。诚然，成绩对学校、家长、学生来说都十分重要，但是，如果过度重视一次考试的得失，将自己沉浸在挫败感之中，那么不仅会浪费掉珍贵的备考时间，也会影响孩子面对高考的信心，那样就失去了模拟考试的意义。

3. 参考模拟考试的成绩

虽然我们一再强调，不要过度重视模拟考试的成绩，但不可否认的是，高考前夕模拟考试的成绩仍然能够给我们未来的选择提供很多帮助，尤其是在填报志愿的时候。

劳逸结合有助于轻松备战

适当的休息是必需的，身体各个机体也需要有修复的时间，才能正常运转，不然会被伤害到。若是只逸不劳，同样会逐步引起身心懒惰，时间久了也会生病。

课间十分钟是让学生解除疲劳紧张，放松心情，让学生以更好的精神状态进入下一堂课，具有承上启下的作用。大脑是人体的“司令部”，在它的指挥下，我们的一切活动都变得有条不紊。由于大脑皮层具有自我保护的能力，当某一项工作做久了，兴奋性就会减低，如果再持续进行这类工作，那么这些外界的刺激就不会使大脑皮层兴奋，甚至会引起抑制。要使大脑的功能一直保持旺盛的状态，就要让大脑的兴奋区和抑制区经常轮换。因此，下课后学生应该走出教室，呼吸些新鲜空气，活动一下筋骨，而不应该仍在教室内做功课。

致父母的话

对于参加高考的学生来说，最为煎熬的时间就是高考前的那几天。那是一份备受煎熬的等待，如果孩子无法静下心来，无法进行正常的作息，那么，必然会影响孩子的高考。

生活小案例

距离高考还有一周的时间，但是妈妈却发现，儿子表现得非常焦虑，这些天他吃得很少，睡觉也睡得很浅，稍微有些声音就会将他吵醒。对此，妈妈非常担心。她知道，如果不能帮助孩子从这种状态中解脱出来的话，孩子将无法以饱满的精神状态去参加高考。

妈妈想了很久，也从网上查找了一些资料，终于找到了一种适合儿子的方法。当妈妈走到儿子的房间时，发现儿子趴在书桌前做一张试卷，但是很明显他的心里很乱，思考了很久也无法写出正确答案。而且，他不停地将整张试卷翻来翻去，嘴里似乎还嘀咕着什么。

妈妈上前，将手放在孩子的肩膀上："孩子，陪妈妈说说话，好么？"儿子一摆手："妈妈，等我把这张试卷做完好么？马上就高考了，我的时间不多了。要不有什么事您现在就说吧，我听着呢。"

"孩子，一会再做吧，让我们聊一聊你现在的学习状态。"妈妈手上前，握住了儿子翻试卷的手。孩子愣了一下，不过这一次，他没有拒绝。

妈妈将早已准备好的纸条拿出来，让儿子将纸条上的字大声念出来，孩子抬头疑惑地看了一眼妈妈，还是听从了："你害怕高考失败，害怕走在路上会被别人嘲笑。"孩子笑了："妈妈，高考是我自己的事情，即便是考不好，也和那些陌生人无关吧？再说了，他们也不会知道我没考好啊。"

妈妈点点头，示意儿子接着读第二张纸条："你对自己没有信心，所以焦虑不安。"这次读完后，孩子有些伤心，他低下了头，没有说话，似乎默认了妈妈的这张纸条。

这时，妈妈说话了："儿子，为了一周后的高考，你已经努力准备了三年。三年的时光，你从来都没有荒废，所以一周之后，你只需要全力以赴，将自己会的习题都做出来，我相信，你一定会成功的。"

……

就这样，妈妈准备的纸条一张张被孩子读了出来，而孩子心里担忧的问题也一个个得到了解决。当最后一张纸条被孩子读出来之后，孩子抬起头："妈妈，我知道该怎么做了。其实，高考也就和平日里的总结考试一样，只是涵盖内容更多一些而已。"

妈妈笑着点了点头，她知道，至少儿子的心态已经不再需要自己担心了。

应对策略

许多即将参加高考的孩子都会如同案例中的孩子一样，非常紧张，非常焦虑，但是他们又无法具体说出让自己紧张、焦虑的真正原因。这个时候，如果家长能够及时发现孩子的问题，并针对这些问题想出解决方案，就一定可以达到事半功倍的效果。

那么，在孩子即将参加高考前，有哪些事项是家长必须关注的呢?

1. 可以放松，但不能完全松懈

我们常说，高考就是一场没有硝烟的战争，所以，在战争结束之前，所有参加这场战争的士兵都不能完全松懈，否则将有功亏一篑、功败垂成的危险。

曾经有一位经验丰富的高三班主任说："高考前的这几天时间里，每一个即将参加高考的孩子都像是一锅只有99℃的水，而高考的要求则必须是开水。所以，在这几天中，相对平常的紧张生活，孩子可以适当放松，调整作息时间，使自己的最佳状态时间与考试时间相符，这才是对99℃的水进行'加薪'。"

2. 找到孩子紧张的真正原因，然后与孩子一起解决

当我们对某一件事情过于重视的时候，紧张的情绪就会悄然出现。但是，紧张不仅无法帮助我们取得成功，有时候反而会成为我们前行的阻力。所以，当家长意识到孩子出现了紧张的情绪时，应当出面和孩子一起面对这些困难。

不过，在此之前，家长必须找到让孩子感到紧张的真正原因，只有从根源上解决了孩子的紧张问题，才能够帮助孩子轻松上阵，才能够将孩子在三年的学习中积累的知识真正发挥出来。

事实上，大多数考生在高考前都会担忧这样一个问题："如果我没有考好该怎么办呢?"可是，好与不好又何曾有个铁定的标准。所以，家长需要让孩子明白，即便是高考成绩不出色，他们同样不会被社会抛弃，也同样不会被所有人鄙视。

此外，将所有可能发生的严重后果都一一例举出来，也相当于给孩子打了一针稳定剂，让孩子心中的担忧不复存在，从根本上解决了孩子的后顾之忧。

3. 不要将希望寄托在“超常发挥”上

高考的考场上，的确存在超常发挥的现象，但并不是每一个考生都能够做到这一点。而且，如果考生将自己的希望寄托在“超常发挥”之上的话，会在无形之中加重心里的期望值，从而更加紧张，反而有可能连往日里正常的水平都无法完全发挥出来了。

其实，超常发挥的考生仰仗的并不完全是他们的运气，平日里扎实的基本功、考场上的良好心态都是他们成功的要素，这些才是考生真正需要关注、学习的。

此外，摒除“超常发挥”的心理之后，孩子不再将希望寄托在不符实际的幻想之上，反而更容易静下心来，更有利于真实水平的发挥。

锻炼出好的考试心态

在考场上，适度的紧张是正常的，有利于集中注意力，提高效率。但是，有些孩子在考场上却过于紧张，反复看时间、想去厕所、全身发抖、急躁等，这些都是紧张的表现，严重的甚至手心出汗、“眼花”看不清题、头脑空白。

究其原因，一是心理素质差，这些学生往往在家受到过多的宠爱，没有受挫经验，对环境的变化不能很好适应，心理承受能力不强；二是压力太大，有的家长太看重考试成绩，经常在孩子面前唠叨，要求孩子要如何如何考出好成绩，这给孩子带来了巨大压力，他们唯恐失败。所以家长平时一定要锻炼孩子的心理素质，锻炼好孩子的考场心态。

致父母的话

孩子参加考试时，临场发挥非常重要，而孩子拥有一个什么样的心态，直接决定了他们在考试时是发挥失误，还是发挥正常或超常。

生活小案例

案例1：

转眼间，周翔已经进入高三下半年了，他即将要面临的是人生的一个重要转折点——高考。每次想到要高考，周翔的心里都会升起一股莫名其妙的恐惧。后来，即使参加一般的模拟考试，他内心的紧张感也会骤增。

虽然他也知道，考试时一定要有一个良好的心态，但每次参加考试，那种紧张感就会不请自来，挥之不去。随着高考临近，他的这种紧张情绪越来越严重。到最后，甚至影响到了周翔的正常生活，他开始不能集中精神学习，晚上失眠，食欲也下降了不少……

看到孩子的这些情况，周翔的妈妈着急不已。她知道，周翔一直想考进市里那所最好的重点大学。可以他现在的学习成绩，想要实现目标是很困难。面对这种情况，妈妈也不知道该怎么劝孩子才好。

案例2：

张瑶升入高中以后，每次参加考试前，都会变得非常紧张、焦虑，这种情况在她上高三时表现得更加明显。

高三下半年，模拟考试增多，同时还要面临高考这一关，张瑶的考试压力越来越大。到后来，只要听到考试铃声，她就会觉得身体难受。但考试完以后，这种情况就消失了。

妈妈知道孩子的情况后，便耐心地和孩子谈论了考试怯场的问题，然后教给了张瑶几种考试前放松身心的方法。经过试用，张瑶发现妈妈提供的方法很有效，她克服了考前紧张感，考试状态也恢复了。

应对策略

孩子因为考试的问题，变得寝食难安；或是在考试前，出现紧张、焦虑的现象，都是非常正常的。经过长时间的苦读，孩子终于等到了检验结果的这一刻，心理必然会产生紧张和疲倦感。这就像我们辛辛苦苦地做一份工作，等到要收获成果的时候，心理也会紧张和不安一样。

只是，有些孩子不能用正确的眼光看待这种情绪，然后无意识地把这种紧张感无限地扩大，结果影响到了考场发挥，甚至是日常的生活。作为家长，我们要认识到孩子考试不良情绪的影响和来源，然后帮助孩子尽量避免这些情绪，帮孩子锻炼出一个好的考场心态。

1. 让孩子正确认识考试压力，这种压力是普遍存在的

考试对孩子来说是无比重要的，它既是孩子对自己学习的总结，也是得到家长、老师和同学认同的砝码。所以，几乎所有孩子在面对考试时，都会产生不同程度的紧张感，这就是考试压力。

其实，生活中我们每个人的心里都存在压力，孩子所面临的考试压力只是其中的一种而已。而高中的孩子因看待问题不够全面，无意间放大了这种压力，进而变得难以承受。所以，家长想调节孩子的考试压力，就要从这一方面入手，让孩子对考试压力有一个客观的认识，减少对压力的恐惧感。慢慢的，孩子就能学会调节和承受考试压力。

2. 给孩子成绩上的支持和理解，减少孩子的考试压力

很多时候，孩子担心不能考出好成绩，不能升入好学校，并不是在担忧自己的前途，而是害怕辜负了家长的期望。在多数孩子的眼中，家长对待自己成绩的态度代表了一切。只要能得到家长的支持和理解，他们的心态会变得非常积极向上，面对考试时的紧张感也会减轻不少。

因此，家长看到孩子成绩的时候，即使没达到要求，家长也不可有过激的表现。冷静地分析孩子的成绩，给孩子一定的支持和理解，让孩子觉得家长是认可自己的。另外，考试后，家长还可以和孩子做一些轻松愉快的活动，再一次放松孩子的身心。

3. 多给孩子一些赞扬和鼓励，激发孩子的自信心。

一个人如果对自己的能力很有自信的时候，那么无论面对什么事情，他都不会怯场。对于那些即将面临高考的孩子来说，他们最缺乏的就是自信这种心态。拥有了自信的孩子，在考场上的发挥绝对是出色的。

杨锦上高三已经半年了。从这半年的考试中可以看出，他平时的学习成绩很不错，但一遇上重要考试就怯场，结果考得一塌糊涂。这一点让家人非常担心，因为再过半年孩子就要参加高考了，高考时他肯定会更加胆怯，进而影响正常水平的发挥。

经过仔细分析，爸爸认为孩子考试怯场的主要原因就是缺乏自信，总是害怕自己考不好，结果很多原本已经掌握的知识，在考场上却因为紧张而忘记了。于是，为了提升孩子的自信，爸爸开始常常鼓励杨锦“你学习挺好的，考试对你来说就是小菜一碟。”“我看班里的孩子没有几个比你复习得更用功了，考试不会有问题的。”

在爸爸不停地鼓励下，杨锦逐渐对自己充满了信心，渐渐地克服了怯场的心态。

家长除了常常给孩子鼓励和赞扬外，激发孩子自信心的方法还有很多种，例如可以让孩子学会积极的自我心理暗示。参加考试前，让孩子试着暗示自己“我能行”“我已经准备好了”，这种心理暗示可以改善孩子的心态，让他们不再畏惧考试。

4. 让孩子学会放松，缓解考试前的紧张感

即使考前做了充足的准备，可孩子走进考场的那一刻，还是免不了会紧张。为了以防万一，家长可以教给孩子一些自我放松的方法，来减轻孩子的考场紧张感。

当一个人处于紧张的状态时，一定会绷紧自己的身体。要缓解这种情绪，首先要让身体放松下来；放松的方法可以是伸几次懒腰，做半分钟的深呼吸。等到全身都放松下来的时候，心理的紧张感自然也会减轻很多。

另外，还可以让孩子看看窗外的景色，或者回忆自己曾经见到过的美景，转移孩子的注意力，淡化考场压抑的气氛，这样可以起到降低孩子考试紧张感的效果。

让孩子做好最后冲刺

高考前的两三个月，也是孩子提升成绩的关键时期。如果这时候家长能够加强对孩子学习的管理，给他们提供必要的帮助，那么学习中等或偏下的孩子成绩会大幅度提升，而学习好的孩子能克服自己的劣势，变得更加优秀。

致父母的话

在高三的最后两三个月，让孩子进入冲刺状态，对各科成绩进行一定程度的“恶补”，往往可以让孩子的成绩提高不少。

生活小案例

案例1：

朱丽是一名高三的学生，还剩两个多月就要参加高考了。她的各科成绩都非常优秀，只是语文不是很好。朱丽不擅长写作文，有时甚至还会写跑题，每次作文都要被扣掉将近一半的分数。眼看高考临近，妈妈很是担心，生怕孩子因为作文而影响到高考成绩。

为了改善孩子的写作能力，妈妈决定在最后两个月对孩子进行作文加强训练。朱丽对妈妈说，写作能力需要长时间的积累，一时半会恐怕难以提高。妈妈教育她说，最后两个月的突袭，效果和之前的学习并不一样，只要朱丽肯下功夫，在这两个月里，提高写作水平还是很有希望的。

于是，妈妈给朱丽买了一些作文练习精选，以及一些作文素材积累训练书。同时，她还要求朱丽每周写三篇作文，并让语文老师帮助批改、点拨。

朱丽按照妈妈所说的方法，对自己的写作水平进行加强训练。结果真如妈妈所说，写作水平提高了很多，从作文立意到作文素材的运用，都得到了老师的赞扬。这让朱丽非常高兴。提高了写作水平，她也对高考充满了信心。

案例2：

刘诚上高一、高二的时候，学习一直不太努力。当时，刘诚的爸妈工作都很忙，对孩子的学习不够关心，结果刘诚的成绩一直就不怎么理想。

后来，刘诚上了高三，随着模拟考试的增多，他的爸妈才注意到孩子的学习存在很大问题，成绩总是在班级中下游徘徊。这样的成绩别说重点高中，连普高都考不上。随着高考一天天临近，爸爸决定在最后阶段加强对刘诚学习的管理。

在高考前的三个月里，爸爸放下了很多工作，每天在家里帮助孩子复习功课。只要刘诚一放学，爸爸就会常伴在他左右，陪着他看书、做练习、整理知识点……

就这样，三个月的艰苦时光过去后，刘诚巩固了自己的基础知识，成绩开始突飞猛进，而且他也找到了一些高考的出题规则。高考过后，刘诚顺利地进入了一所大学。

应对策略

进入高三，老师会给孩子制订两类复习辅导计划，第一类是重点复习以巩固基础知识，第二类是突击重点、难点。通过这两类复习以及后来学校增加的种种模拟考试，孩子在高考时更有可能发挥出自己的正常水平。

对此，家长可以配合学校对孩子的学习加以指导。特别是在高考前的两三个月，这时孩子的精神处于一种亢奋期，如果采用正确的学习方法，学习效率会是以前的好几倍。可一般到了这一阶段，老师就不再主动指导孩子复习了，因为每个孩子的情况都不同，自学才是处理自己问题的最佳办法。然而，孩子的自学能力是有限的，这就需要家长帮孩子制订学习计划，抓住学习重点，提升学习成绩。

家长在对孩子进行强化管理训练时，要从孩子的实际情况出发，学习不好的孩子紧抓基础知识，学习好的孩子查漏补缺，进而全面提高孩子的成绩。具体来说，在孩子向高考发起冲刺的时间段，家长可以做哪些事呢?

1. 基础知识是根本，一定要让孩子牢固掌握

习题的千变万化都离不开课本上的知识，只有牢固掌握了基础知识，才能做到举一反三，轻松解决各种习题。但很多孩子在学习的时候，眼高手低，不重视基础知识的学习，结果往往在做题的关键步骤卡壳，后悔莫及。

所以，家长在指导孩子复习的时候，一定要让孩子掌握好基础知识。特别是对一些学习差的孩子，学牢基础知识可以大大提高他们的解题能力。

李莞不喜欢背诵古诗词，也不喜欢学习古文。因此，他的语文成绩一直都不是很好。在语文试卷上，古文和古诗词部分占了很多分数，而李莞白白地丢掉这些分数，成绩自然不会太好。而且，在写作文的时候，李莞偶尔想引用一句古诗词，却因为背不全，也只能作罢。

到了高三下半学期，妈妈从模拟考试卷上发现了孩子这一弱点。她觉得不能再这样下去，应该给孩子来个强化练习。在高考前的两个月，妈妈给孩子制订了一个加强古诗词学习的计划，要求李莞每天必须背下两首诗词，做一篇古文阅读理解。

就这样，到了高考的时候，李莞的古文、古诗词部分的学习终于提了上去，语文成绩也提高了很多。

高考时，一般只有后面的压轴题才是难题，而前面的题目考得都是孩子对基础知识的掌握。重视孩子对基础知识的掌握，让孩子不至于在一些简单的题目上白白丢失分数。

2. 找到孩子的学习弱项，加强突破

孩子们因为兴趣不同，学习环境和态度也不一样，对知识的掌握肯定也会有好有坏。因此，每个孩子都会存在自己的学习弱项，如果对于这些弱项采取不闻不问的态度，到时定会严重影响孩子的高考成绩。

家长在指导孩子学习的时候，可以通过模拟考试帮孩子找出他们的知识弱项，然后系统地帮孩子补充学习，让孩子对自己的学习弱项进行加强和突破。

有一种比较实用的方法是，帮孩子准备几个错题记录本，让孩子把自己的同一类题目中，错误比较多的情况记录下来，然后进行重点分析与学习，把孩子的知识弱项补全。

3. 进行专项训练，帮助孩子归纳考试技巧

有些时候，孩子某一科成绩不理想，并不一定是孩子没有学好，而是没有掌握这一学科的考试技巧，没有遵循先易后难的考场做题顺序。这一点，最主要的就是体现在文、理综合成绩上。如果孩子在考试的时候，一味地在难题上纠结，最后很可能没有时间做那些简单的题目，结果丢失更多的分数。

所以，家长可以对孩子进行这一方面的专项训练，让孩子明白自己的优缺点，以便在考试的时候能够发挥出正常的水平。

冷静对待自主招生

当家长在面临是否让孩子参加自主招生的选择时，不妨参考一下孩子所在学校的实力，以及孩子的成绩在年级中的排名，还有往年以这样的排名能够去哪些大学。只有将这些数据都详细了解之后，家长再决定是否要和孩子一起奔波去参加自主招生。

致父母的话

自主招生可以为孩子的高考成绩加分，所以才会有大量的父母带着孩子一趟趟地奔波于各高校的自主招生考试。但是，自主招生考试的加分名额也是十分有限的，其竞争的激烈程度甚至不亚于高考。所以，家长与孩子更应当冷静对待自主招生。

生活小案例

高中开学后没多久，一位高三的家长就产生了想让孩子参加高校自主招生的考试，但是他又有几分犹豫，不知道这样做会不会影响到孩子的学习进度，进而影响到孩子的高考。再三考虑之后，他到一位担任高三班主任的朋友家中寻求建议。

当他将自己的来意说出来之后，朋友问他："孩子平日的考试成绩在年级中排多少名呢？"

家长不无得意地答道："他们这一年级总共有500多名考生，我家孩子的成绩一般都处于50名左右。"

"那他们学校能够进入名校的学生每年大概会有多少呢？"朋友又问。

"我记得听孩子老师说过，每年大概也就20～30个人吧。"朋友可以从家长的神情中看出他在思考，而且他刚来时的那种坚定似乎也有所松动。

"孩子平时参加过那些有影响力的竞赛吗？有没有在竞赛中获奖？"

这次家长没有说话，只是无力地摇摇头。接下来，他再也没有提让孩子参加自主招生的事情了。

应对策略

对高三的学生来说，高考才是生活、学习的重中之重，之所以会关注高校自主招生，大多数学生都是抱着为高考成绩加分的目的去的。所以，在对待高校自主招生的这件事上，家长和孩子应当调整好心态，用平常心去对待，真正做到：得之我幸，失之我命。

1. 明白高校自主招生的目标人群

曾经有人说，高校自主招生的目的其实就是高校在高考之前的一次选拔，如果家长觉得以孩子的实力，即便是不加分也能够成功进入高校，那么参加高校自主招生获得加分的概率就很大；反之，如果孩子并非重点中学的尖子生，考入高校的把握不是很大，那么孩子能够获得加分的概率也很小。

2. 明确定位

升入高三之后，孩子的时间就显得非常紧张了，所以，孩子每一天的学习安排、生活计划也都非常重要。或许有些家长信奉“鸡蛋不能放在同一个篮子里”，从而四处打探各个高校的自主招生时间，然后带着孩子四处奔波。

但家长需要注意的是，在这来回奔波、四处考试的过程中，是否会对孩子的心理造成影响，是否会影响到孩子对于即将到来的高考的备战。此外，家长带着孩子参加每个高校的自主招生，又是否会让孩子产生对未来的迷茫。

因此，在决定参加高校自主招生之后，家长仍然有一些事情是必须做的，那就是帮助孩子对未来定位。这定位是针对孩子的实力选择适合的高校，然后有目的、有选择地参加高校自主招生，这样不仅可以留一部分时间出来为参加考试做准备，同时也不会在自主招生考试上耗费太多时间。

3. 调整心态

许多参加过高校自主招生的家长和学生将自主招生称作“小高考”，其中竞争的残酷性不言而喻。如果家长和学生无法正确调整心态，将自主招生考试看得过重，就会出现“输不起”的心态，严重时甚至会影响到孩子的高考。

虽然的确有学生通过自主招生考试获得了加分，甚至还有的学生提前得到了高校的认可，但家长应当注意的是，这些通过的学生只是极少的一部分。所以，这就注定大部分参加自主招生考试的学生要失望而归。

同时，还需要注意的是，在自主招生考试之后更加重要的是高考。如果孩子因为自主招生考试的失败而失去信心，或者在心中怀疑自己的能力，那么参加自主招生考试不仅没有让孩子得到益处，反而给他的正常学习带来了“拦路虎”。

毕竟，对于争分夺秒的高三学子来说，时间就意味成功。我们无法奢望每一名孩子都做到事半功倍，但至少我们希望孩子的每一份付出都能够获得相应的回报。只是，对于心中已然有了障碍的孩子来说，他们每一天的努力，却极可能是事倍功半。

所以，在参加自主招生考试之前，家长和孩子应当调整好心态，做到得失之间，宠辱不惊，将自主招生考试当作一次小小的测验，能够得到加分固然可喜，若是失败了，也不要因此一蹶不振，要迅速调整状态，投入到紧张的复习中。这才是成功者的心态。

做好孩子的“后勤保障”

进入高三下半年，很多家长都会认为孩子的学习压力大，营养很可能跟不上。抱着这样的心理，家长买大量的补品，给孩子的身体进行“恶补”，结果孩子不仅在身体上接受不了，心理上的压力也逐渐增大。

事实上，孩子在面临高考的时候，身体上营养的补充是次要，最重要的还是精神上的补充。家长应该为孩子提供一个轻松的生活环境，让孩子觉得临近高考和平时也没有太大的差别，让孩子在学习上劳逸结合，在生活上轻松自在，能以一种健康的心态面对高考。

致父母的话

高考对每个孩子来说都至关重要，作为家长，一定要在饮食起居上照顾好孩子，保障孩子在生活上无后顾之忧。

生活小案例

郑宁升入高三以后，为了能让女儿以最佳的状态面对高考，妈妈开始四处请教。听说隔壁小区一个叫刘乐的孩子去年考入了全市最好的大学，她连忙过去请教。

看到别人来请教，刘乐的妈妈乐呵呵地说起了孩子那段备考时光：“在临近高考的那段时间，看到别的孩子都紧张兮兮地学习，我就常常跟儿子说，一定要懂得劳逸结合。对于这一点，儿子把握得非常好。即使到了高三下半学期，孩子仍然会抽时间看电视、上网、打球等。但他的自制力也很好，能够很好地控制玩乐的时间。”

“另外，孩子上了高三以后，我虽然在生活上给了孩子更细致的照顾，但却没有像有些家长那样，给孩子买大量的补品。我认为，当孩子面临高考的时候，能给孩子提供一个良好且轻松的生活环境非常重要，这样孩子才能更专注地投入到学习中。”

听到这里，郑宁的妈妈频频点头：“的确，孩子在面临高考时，一定要有一个轻松的心情，才能在学习和考试中发挥自己应有的水平。”

应对策略

1. 教育孩子在学习上适当放松，学会养足精神

我们都知道，孩子想在高考上取得好成绩，就一定要努力学习。但如果孩子把所有的精力都用在学习上，甚至连休息的时间都被学习占用，那么孩子一定会被搞得筋疲力尽，学习效率低下。这样的话，即使孩子学习再努力，收效也不会明显。

在监督孩子学习时，家长一定要注意让孩子适当放松，注意休息，不要搞疲劳战术。一天到晚地眼睛盯在书本上，只会让学习事倍功半，身心俱惫。特别是在孩子进入高三后，休息和放松显得尤为重要，适当放松和休息不仅可以提升孩子的学习精力，还能帮孩子缓解学习压力。

为了让孩子养足精神，首先要保证孩子充足的睡眠。家长作为监督员，一定要让孩子坚持早睡早起。每天必须让孩子在晚上10点30分之前睡觉，早上6点30分左右起床。孩子的精神恢复过来，第二天的学习才会更

有效率。而且，这种休息方式还可以让孩子的最佳精神状态与高考时间段合拍，以便孩子参加高考时能够完全发挥自己的实力。

除了要养足精神外，家长还要鼓励孩子经常锻炼身体。常常锻炼可以提高孩子的体育成绩，更重要的是能够让他们保持身体健康，也让孩子更容易集中精神学习。而且锻炼身体还能提高孩子的免疫力，省得孩子因为生病而耽误考试。

另外，在高考前的一个星期，千万不要延长孩子的学习时间。在这一段时间，家长每和孩子提一次学习的事，孩子的焦虑和紧张感就会增加一分，即使孩子延长了学习时间，也不能记住更多的知识。这时，家长要尽量少打扰孩子，让他们用自己的方法放松一下身心，然后以一个良好的心态走进高考考场。

2. 做好厨师的工作，为孩子提供合理的膳食

对于高三的孩子，家长不用特意给孩子提供大量的补品，只要平时提供合理的膳食，孩子的身体就能够得到充足的营养。而在临近高考时，家长给孩子加一些营养丰富的“特餐”，很可能会让孩子的肠胃不适应，从而身体出现不良的反应。孩子不仅吸收不了这些营养，反而会因为生病而影响学习。因此，在孩子即将参加考试的时候，既不能让孩子空腹，也不能让孩子吃得过饱、过好。

3. 高三的孩子饮食有三禁忌

一是禁忌急补营养品。看着高三的孩子学习越来越繁重，家长总想着给孩子加点营养，于是给孩子买来很多保健品、营养品。这种做法显然很不理智，首先，孩子的身体素质和脑力不可能在短期内通过增加营养而有所改善；其次，家长过度关照孩子会在无形中增加孩子的学习压力，影响孩子的考场发挥。

二是禁忌考前进食量过多。在孩子参加考试前，家长千万不要大鱼大肉地让孩子狂吃。一次摄入过多的营养，肠胃肯定不能够正常吸收，很容易导致胃胀、腹泻等肠胃不适，这将严重影响到孩子的考试状态。

三是禁忌考前饮食过油腻。在孩子临考前，家长要多给孩子做清淡的饭菜，以免油腻的食物给孩子的味觉造成刺激，影响孩子的心理状态。清淡的饭菜可以让孩子不会受饮食方面的干扰，保证了孩子高考时的正常发挥。

如何面对高考失利

高考失利是所有人都不乐意看到的事情，但是总会有一些孩子在高考这场“战争”中失败。此时，对家长而言是一种失望，然而对孩子造成的影响也同样不亚于“地震”。

致父母的话

高考失利是每个人都最不乐意看到的事情，但对于“千军万马过独木桥”的高考来说，总会有一些孩子被残忍地“挤”下桥。如果孩子不幸成了高考失利的一员，那么家长也不要过度地责备他，既然事情已经无可更改，不妨和孩子一起想一个解决方案出来。

生活小案例

高考之后，儿子的情绪就一直不高，每天待在家中也总是无精打采的，就连往日里他最喜欢的动画片也提不起他的兴趣。爸爸看在眼里，痛在心里。他知道，儿子的高考成绩肯定危险了，否则的话，儿子也不会这样提心吊胆、无精打采的。

眨眼之间，已经到了公布高考成绩的时候，爸爸虽然早已有了心理准备，可是当看到纸上儿子那少得可怜的分数时，仍然有一种失望透顶的感觉。可当爸爸看着身旁低着头、一副道歉模样的儿子，责备的话语无论如何也说不出口了。

回到家后，妈妈看到父子俩阴沉的表情就知道，儿子的高考成绩肯定非常不理想。因此，妈妈也没有多问与高考成绩相关的事情。

晚上，妈妈和爸爸聊过之后，知道了儿子的高考成绩。不过妈妈没有说什么责备儿子的话，而是劝解爸爸：“反正现在孩子的高考成绩已经这个样子了，你不如和他谈谈，看看儿子今后有什么打算，然后再安排好了。”

在妈妈的劝解下，爸爸也想通了：的确，高考已经结束了，以儿子的高考成绩上大学肯定是没有希望了，倒不如给儿子找一个更容易就业的工作先做着。

可是，爸爸的这个想法又遭到了妈妈的反对。妈妈说："给儿子找工作倒是非常容易，可是儿子有没有复读的想法呢？所以我觉得，在此之前，你应当同儿子好好谈谈，真正明白了儿子心里所想，才能进行合理的安排。而且孩子现在也不小了，他应当也有自己的一些想法，咱们不妨听听他的意见。"

爸爸想了想，决定按照妈妈说的那样去做。当父子俩平心静气地交谈一番后，爸爸惊奇地发现，儿子对于未来果然有一些自己的想法，虽然这些想法在爸爸看来仍然有些稚嫩，但这些想法的可行性却非常高。

明白了儿子的想法之后，爸爸决定支持儿子。他特意针对儿子的计划进行了一些打探，并咨询了一些比较擅长的朋友。在爸爸的支持下，儿子的"未来计划"也完善了很多。

应对策略

对孩子来说，这一场考试失败否定了他高中三年时间的努力与付出，而且，看着身旁熟悉的朋友得以继续踏上求学的道路时，他们的心中同样十分痛苦。这一次失败甚至会让孩子对自己的能力产生怀疑，进而整个人都变得不自信起来。

此时，家长如果没有及时调整自己的心态，对孩子横加指责，埋怨、数落孩子，那么孩子更容易在心中认为自己犯了大错，进而陷入颓废、失落的心情之中。这时的孩子不仅无法再学习新的知识，反而由于情绪起伏波动过大，往往会陷入许多未知的危险。

那么，当孩子高考失利之后，家长应当如何去做呢？

1. 要鼓励，不要指责

如果孩子高考失利，那么此时家长鼓励孩子才是最正确的做法。虽然每一名家长都非常重视孩子的高考，但相信孩子在高考失利之后，他心中的负面情绪不会比家长少，甚至有过之而无不及。

对孩子的一生来说，高考也不过就是他经历的众多十字路口之一而已，他还有很长的人生路要走。所以，当高考失利的孩子走回家时，让鼓励成为家中唯一的旋律吧。在家这个避风港中，父母需要让孩子重新恢复信心，让他再次斗志昂扬地走出去，再次站立起来，向未来的人生发起挑战！

2. 尊重并支持孩子的决定

虽然孩子在高考中失利，但是这并不能说明孩子一无是处，而且，此时的孩子对事情、对世界已经有了自己的看法与观点。所以，当孩子的心情平复之后，家长不妨与孩子进行商议，首先倾听孩子对于未来的规划，然后再结合自己的经验给予建议。

对于失利的孩子来说，在他面前的道路并不只有一条。他可以选择复读，或者去一所不是自己期望的大学，或者去一所职业技校学习一些职业技能……无论孩子挑选了哪一个，在此过程之中，家长都需要提醒孩子慎重。如果他选择了复读，那么他就必须面对复读所带来的一切压力，同时还须承受成绩可能不会增长的风险。如果他选择了去其他大学或者技校就读，那么就相当于孩子选择了自己未来的方向。

而对于家长来说，此时不仅需要帮助孩子重新树立起自信，更重要的是，家长还应当让孩子在选择面前保持谨慎，不要由于一时冲动而做出错误的选择。同时，家长也需要对众多选择进行分析，然后综合孩子的具体情况进行分析，给孩子提出一些有用的建议。

如果孩子仅仅是因一时紧张而导致正常实力没有发挥出来的话，那么家长不妨劝导孩子，让孩子选择复读；如果孩子基础知识过差，最终的高考成绩也是孩子真实实力的体现，那么家长不妨结合孩子的爱好，提前帮助孩子对未来进行规划，选择一所技校也是十分正确的做法。

专业与学校哪个更重要

高考完之后，家长和孩子就面临着选学校和选专业的问题，很多家长更为看重学校的名气，认为选学校比选专业更重要。但是，好的学校不一定有适合孩子的专业，要是孩子学了一个自己不喜欢的专业，其实是一件很痛苦的事情。

同时，还有很多家长有这样一些就业观念，认为文科里理论性较强的文史哲和其他社会科学的优势在于“越老越值钱”，外语相对“就业容易”，管理“发展前景好”，经济贸易“收入高”，法律“社会地位高”，而理工类的数理化、机械自动化、建筑等都被职场人认为是就业相对容易的专业，生物医学以及农林牧等都具有良好的发展前景，等等。其实孩子选择喜欢的专业远远要比选一个重点学校要更有利于他发展。

目前市场上需要的是既懂技术又懂市场的复合型人才，学历史的同样可以在旅游公司做旅游线路开发之类的市场工作。所以，没必要追求一锤定音，至于未来职业和目前专业的关系，一切皆有可能。

致父母的话

在很多时候，家长和孩子都过于重视名校，而忽略了对专业的挑选。然而，这是一个巨大的误区。对即将迈入大学的孩子来说，专业比学校更加重要，因为专业不仅代表着孩子的兴趣，也预示着孩子未来要从事的行业。

生活小案例

案例一

儿子很早就表现出了对新闻行业的兴趣，他不止一次地告诉自己的父母，说他以后一定要成为一名出色的记者，让父母坐在家中就能够看到自己，并且以自己为豪。

高考之后，儿子觉得自己考得还不错，但是在报考志愿的时候，他迟疑了。成绩出来后，儿子的分数虽然已经超过了一本线，但是父母给他的建议却是放弃那些名校，报一所二本的院校，专业可以选他最喜欢的新闻专业。

对此，父母给出了他们的分析：虽然儿子的成绩不错，但是对于名牌大学的新闻系来说，仍然有着很大的危险。所以，他们才建议儿子报考二本学校的新闻系。这样，虽然孩子去的学校名气比不上那些一本大学，但是孩子可以读自己最喜欢的新闻专业。

孩子听从了父母的建议，去了一所二本学校。由于孩子读的是自己最感兴趣的专业，所以他非常用心，不仅在班级里名列前茅，而且在大二的时候，他就已经在老师的推荐下到一家报社开始实习了。

这样，当孩子从学校毕业之后，凭借着实习积累的采访经验，他成功击败了众多应聘者，成为一家知名报社的记者。

案例二

有一名女孩在刚刚升入高一的时候，就为自己三年后的高考定了一个目标：南开大学。为了这个目标，三年来，女孩付出了艰辛的努力。终于，高考成绩出来后，她的分数达到了南开大学的录取分数线。

但是女孩根本就来不及庆祝，因为她面临着一个艰难的选择：要么选择南开大学，但是以她的分数，根本不可能进入自己喜欢的专业；要么就放弃南开大学，去一所自己并不中意的大学，但是可以挑选自己喜欢的专业。

女孩犹豫再三之后，还是选择了南开大学，并且在服从调剂那一栏选了“是”。结果，女孩确实被南开大学录取了，但是她去的那个专业却是南开大学里最冷门的专业。

在进入南开大学后不久，女孩就对自己曾经的决定后悔了。因为她对这个专业毫无兴趣，而且她从师兄、师姐的口中得知，即便身上有着名校的光环，但是由于这个专业过于冷门，所以，女孩的就业前景并不乐观。

应对策略

在填报高考志愿的时候，对专业的选择同时也是对孩子未来职业的一次选择。或许有些家长对此不以为然，认为有太多毕业生毕业之后从事的是与大学所学专业毫不相关的工作，所以，现在孩子上一所名校比一般大学更重要，毕竟名声也好听一些。

但是，试想孩子只是为了一时的名声而选择了名校，最终去了自己毫不感兴趣的冷门专业，那么当孩子在大学里奋斗四年之后，他又要如何面对自己的就业呢？莫非到那个时候才让孩子放下名校的身段，甚至放下

“大学生”的身段，与他人共同争取一个职位吗？

且不说孩子是否能够做到，即便孩子真如此做了，那么他大学四年的时光又当如何？因此说，在孩子填报志愿的时候，挑选专业比挑选学校更加重要。

1. 根据孩子的兴趣进行专业挑选

随着孩子逐渐成熟，他们的兴趣爱好也一点一点地展现出来。家长和老师在日常生活中往往能够根据孩子的行为判断出孩子的爱好及兴趣，这些都是在填报志愿时，家长给孩子提建议的依据。

或许有些家长在孩子填报志愿时会遇到案例中的情况，孩子感兴趣的专业是最热门的，而孩子的成绩虽然没有拔尖，但也不是很差。家长面临的选择就是选孩子感兴趣的专业还是选名校。当这样不能两全的情况出现时，家长应当以孩子的兴趣为主。

毕竟，专业对孩子来说，不仅意味着孩子未来的职业，同时也代表着孩子大学四年所必须接受的知识。设想，如果让孩子为了进名校而放弃自己喜欢的专业，那么，即便是孩子成功进入了名校，对于没有任何兴趣的专业，他能够静下心去学习吗？

而如果孩子就这样在名校里糊里糊涂地混过四年，当毕业来临时，孩子又要如何面对严峻的就业形势？

因此，在帮助孩子填报高考志愿的时候，家长一定要综合考虑孩子的意愿，不能盲目追求名校效应，以免酿成苦果。

2. 考虑专业热门程度的同时，也要考虑孩子是否真的适合

如果孩子的兴趣爱好正好就是当前的热门专业诚然最好，但是如果孩子志不在此，那么家长在帮助孩子挑选专业时，就必须要多加考虑了。热门专业当然是好的选择，拥有着光明的就业前景，但是，如果孩子的性格并不适合此专业，那么家长就不要再一厢情愿了。

曾经有一名孩子在填报志愿的时候，对父母提出：“我喜欢的是文学，所以我想报中文专业。”但是，父母在一番调查之后，开始苦口婆心地劝导。他们认为，孩子的高考成绩非常优秀，如果报了中文专业，完全就是对高分的一种浪费。

所以，父母希望孩子能够再考虑考虑，至少也要选择一所名校的热门专业。最终，在父母的劝解下，孩子同意了父母的建议，遵照着他们的嘱咐填报了一所名校的医学专业。

孩子原本也以为自己会在学习的过程中逐渐培养出对医学的兴趣，可是，大一的生活结束后，孩子仍然觉得自己对医学根本就没有任何兴趣。但是，此时已经无路可退了。

当新一学期的学习生活开始后，孩子发现这一学期竟然开始上解剖专业的课程，而孩子在看到鲜血的时候，就感觉要晕倒了。这个时候，孩子想换一个专业。但是，在扫过几遍全校的专业项目之后，孩子悲催地发现没有一个专业是自己感兴趣的。

对于孩子来说，最终填报的志愿往往都是由家长拍板决定的，即便不是如此，家长的建议也在其中起着无法忽视的作用。因此，在热门专业面前，家长一定要对孩子的性格、爱好等进行分析，看孩子是否能够适应，否则，恐怕会带来不可想象的后果。

选择专业的小窍门

在填报高考志愿时，一定要将个人兴趣特长与社会发展形势相结合，也就是说首先要分析目前短缺的人才在四年后的就业情况如何，以及该专业在四年后可能的发展方向；其次才是分析自身特点、兴趣和学校。把个人兴趣排在专业发展之下，既不要盲目追求名校、热门专业，也不要只顾个人兴趣，一定要做到理性与感性相结合。

致父母的话

专业的选择往往代表着孩子未来将从事的职业，那么，这一行业究竟在社会上有着怎样的地位，就业前景又是何种状况。对于这些问题，最合适的解答人并不是那些已经选择了这个专业的学生，而是那些早已从事这个行业的工作人员。

生活小案例

高考结束后，儿子和父母又陷入了另一个难题当中：填报志愿。好在家人对是否去名牌大学并没有太过在意，所以，他们的主要任务就是帮助儿子选择一个好专业。

通过一段时间的打听之后，父母了解到，在最近几年中，建筑行业非常受欢迎，属于当下的热门专业，所以，父母想让孩子填报建筑专业。儿子听完爸爸的讲述之后，也感觉建筑行业挺不错的，有了几分心动。

但是，在填报志愿的前几天，孩子又有些犹豫了，他不知道建筑行业的着重点在哪里，以后将从事的职业，究竟会是在热闹的城市中心建造楼房，还是去地缘偏僻的地方开桥架路。儿子将这个疑惑向爸爸妈妈诉说之后，他们也犹豫了。

可是，爸爸妈妈认真思量了一番之后，发现身旁根本就没有哪一位亲朋好友是从事建筑行业的，就算是想要询问也无从问起。在这样焦急的状态下，爸爸忽然想到了一个办法：在网上向那些有经验的专业人士求助。

爸爸发出去的帖子很快就有了回复，回复中各种各样的观点都有，有说这个专业好的，也有说这个专业不好的。最后父母感到更加迷惑了，他们都不知道是不是应当让儿子选择建筑行业。

就在一家人拿不定主意的时候，又有人回复帖子了，这一次回复的是一位专业人士，他当年高考后填报的专业就是建筑专业，毕业后从事的工作正好也是这个行业的。因此，一家人都觉得这位朋友的回复才最具有说服力。

那位朋友说："当初我在学校里学习的那四年时光中，对于未来感觉挺迷茫的，根本就不知道该如何规划，仅仅是听老师说，当我们毕业后，会有广阔的就业前景。那个时候，我相信了，总觉得这个专业的前途不可限量。"

"后来，毕业了，找工作的时候，老师说的话果真没错，确实非常顺利。但是在工作了四五年之后，现在的我已经完全不信当初老师说过的话了。这几年来，我一直过着居无定所、跟着工程四处奔波的日子。"

"或许有些人会说，这样的生活也挺好啊，简直就是报销路费的旅游啊。可是，只有真正参加过建筑行业的人才知道其中的苦楚。现在，我常常感到后悔，因为随着年龄的增长，不仅身体开始出现各种状况，而且记忆力也开始出现问题了。现在我是既后悔又担忧，后悔曾经的这个选择，又担忧不久之后会失业。”

在看完这份回复之后，孩子和父母的心中有了答案，孩子的身体虚弱，并不适合这样的专业，所以，他们不再犹豫，开始寻找下一个适合儿子的专业。

应对策略

对于一个专业的选择，家长和孩子更应该咨询那些从事这一行业的工作人员。如果父母的亲朋好友圈子中没有这样的人士，那么家长也可以像案例中的父母一样，在网上进行咨询。不过，选用这一方法的时候，家长应当做好心理准备，因为网络上也会出现各种各样的回复，家长需要进行筛选性地阅读。

那么，在对专业进行挑选时，有什么值得重视的吗？

1. 不轻信报考指南上的专业名称

很多时候，家长和孩子都是看到报考指南上的专业名称之后，便从字面意思去理解这个专业，从而将希望都寄托在这个专业之上。但是，当孩子真正到了大学之后，却发现所学内容与当初的预期有太大的差距，进而对所选专业大失所望。

曾经有一名在物理方面具有天赋的孩子，当他填报志愿的时候，看中了一所大学的“热能与动力工程”专业。孩子认为这个专业未来的发展方向肯定与航天火箭有关，正是自己最感兴趣的专业。因此，孩子按照自己的理解，倾尽全力说服了父母，填报了这个专业。

但是，当孩子到达大学之后才发现，原来这个专业与自己当初想象的完全不同。这个专业根本就与航天火箭丝毫无关，而且这个专业也仅仅是名字起得好听了一些，它真正的教学内容纯粹就是属于传统行业的锅炉专业。

对此，一位曾经参与过大学招生的老师也说，当初他们招生的时候，常常会出现一些专业根本招不到足够学生的情况。后来，他们为了改变这种状况，想出了一个办法，这个办法让他们学校的专业开始由原先的生源不足变成了学生爆满。而他们想出的方法就是对那些传统行业的专业名称进行包装，使用一些听起来特别前卫、科技的名词来包装传统行业。这样一来，许多学生和家长都满怀希望地填报了这一专业，而招生办事处也得以圆满完成自己的任务。

所以，当孩子进行填报志愿的时候，不要轻信专业名字字面上的意思，而应当多多探听，寻找相关的专业人士进行咨询，不让孩子因为一时的疏忽而后悔。

2. 实地考察

当孩子结束高中三年的学习生活之后，家长更加关心的便是孩子在大学四年之后能够获得一份理想的工作。所以，当家长与孩子在心中有了目标学校与目标专业的话，不妨亲自前去进行一次实地考察。

虽然此举会占用父母一些时间，也会带来一些消费，但是家长不妨将此当作孩子高考结束后的一次全家旅游，而且，大多数大学所在的城市的确都是不错的景点。当然，家长和孩子不能因此而忘记了出发的目的，到了目标大学之后，最好同学校就业办的老师进行交谈，了解学校的专业分布情况以及学生毕业之后的就业情况。

3. 扩大信息的来源

可以说，高考后孩子报考的专业关乎着孩子今后一生的生活。所以，当孩子在填报志愿，选择专业的时候，家长应当扩大自己信息的来源，不仅向周围的亲朋好友探听相关的信息，也可以向案例中的父母那样在网上发帖，探听一切对孩子有利的消息。

就像案例中的父母一样，虽然他们在网上也看到了一些毫无作用的回复，但是最终那名从事过建筑行业的回复者却帮了他们大忙。虽然那名回复者的经历并不足以代表所有从事建筑行业的劳动者，但是从他的经历中，父母已经得到一个消息：学这个专业的人就业之后需要四处奔走，如果孩子身体素质不好的话，根本就无法胜任那样的工作。

所以，当家长和孩子对所选专业仍心存疑惑时，不妨扩大信息的来源，然后在各种各样的信息中找寻出对自己有用的信息，这也是一种极为高明的方法。

复读需要慎重考虑

有一些孩子成绩很差，但是在其他方面却拥有着自己的特长。对这些孩子，家长不必强行要求孩子进行“复读——高考”这条路。“三百六十行，行行出状元。”如果孩子的兴趣不在成绩之上，那么放弃追求高分又何妨呢？

高考可以结束，但是孩子的人生仍然还有很长。所以，是否选择复读，家长和孩子更应当慎重，根据孩子的真实情况，为孩子制定出一条适合的道路，才是最佳的选择。

致父母的话

比起高考，我们更应该重视的是孩子的未来。那么，这一年，孩子未能到达理想的大学，复读会是他最佳的选择吗？复读，谁也无法保证下一年孩子的成绩就一定会提高；复读，谁也无法体会孩子每日面临的巨大压力。所以，复读更需要慎重！

生活小案例

高考结束后，男孩的脸上却一片愁云，原本非常有希望成为北大一员的他，竟然在高考的时候发挥失常，与梦想的学府失之交臂。虽然在其他人眼中，男孩的第二志愿也是一所著名的大学，但男孩还是觉得异常失落，他的脑海中不断闪现着“复读”这个字眼。

但是，父母并不赞成男孩复读。在他们的眼中，这样的学校已经很好了，而且，谁也无法确定男孩第二年的成绩就一定比这一年要好。所以，父母极力劝说着男孩，希望他能够按时去第二志愿的学校报道。

开学了，男孩最终还是在父母的唠叨声中闷闷不乐地去了第二志愿的学校。但是，在新学校读了一个月之后，男孩又回来了。他告诉父母，自己不甘心，而且在学校里无法与周围的同学融到一起，所以，他选择再复读一年。这一次，面对已经打定主意的儿子，父母只好点头同意了。

于是，男孩在大学待了一个月之后，又重新开始了自己的高中生活。复读的日子很苦，男孩身上背负的压力也很大，只有看到自己的模考成绩时，他才可以略微安心一些。一年的时间眨眼即过，男孩再一次看到了自己的高考成绩。好在这一次，他的分数没有辜负平日里付出的汗水。

这一年，男孩成功被香港大学录取，他去的是自己最喜欢的专业。回首复读这一年的生活，男孩的眼睛有些湿润，不过，看着眼前的通知书，他知道，这一把自己赌对了。

应对策略

案例中，男孩的高考成绩并不是自己最终实力的真实展现。虽然被录取的大学也不错，但是并未能达到男孩心中的目标。所以，男孩感到遗憾，甚至有些憋屈，因此，男孩才会在大学待过一个月之后又重新踏入高中的校园，再一次去闯高考的独木桥。

虽然案例中的男孩最终取得了成功，顺利拿到了顶尖大学的录取通知书，但是大家也都知道，在“高四”的班级中，也有许多落榜的学生。在复读的这一年里，他们同样付出了汗水，付出了努力，但最终迎接他们的仍然是高考残酷的一面。

所以说，并不是所有的学生都适合复读，并不是所有的高考生都可以通过复读去实现自己的理想。

1. 高考发挥失常的学生适合复读

在众多参加高考的学子之中，每年都会有一些学生由于各种原因发挥失常，导致高考成绩根本无法体现自己的真正实力。而且，很多时候，这些孩子的成绩都在本科线之上。

对这些孩子而言，虽然凭借着失误后的成绩也仍然能够去一所大学读书，但这一年的高考已经成为了他们人生道路上第一次跌倒的地方，他们需要再次向这道坎发起冲锋，他们需要用自己真正的实力去征服这道坎。

这时，高考已经成了孩子证明自己的一场“战争”，他需要复读，因为在孩子看来，失误已经否定了自己十年寒窗的努力，而自己原本可以在这一场“战争”中做得更好，自己也应该去梦想已久的校园。

2. 正常发挥的孩子不适合复读

如果孩子在高考中已经正常发挥，他的成绩与平日里的测试成绩相差无几，那么帮助孩子选择一所合适的大学，选择出孩子感兴趣的专业，让他开始崭新的大学生活吧。

高考是对众多学子的一次选拔，同时也是对众多学子的一次划分。在这场划分之后，学子们也会再次根据自己的实力进入到不同的学校进行深造。在大学中，孩子会发现身旁的朋友们都是实力与自己相差无几的学子，大家之间将更容易沟通、更容易融合到一起。

此外，对这些在高考中正常发挥的孩子而言，即便因心有不甘而选择了复读，也同样是一场“豪赌”。毕竟，并不是每个人在复读之后成绩都会提升的，甚至有一些学子的成绩会出现不升反降的情况。

所以，如果孩子在高考中已经尽力了，家长那就不要再奢望更好的成绩了。有时候，成绩也像是脚上的鞋子，并不是最大的才最好，而是最适合的才最好。同样的，根据孩子的真实实力所进入的大学，才是最适合孩子成长的土壤。

3. 心理素质不好的孩子不适合复读

我们常说：“有压力才会有动力。”但是，没有经历过复读的人根本无法体会到孩子的心中所承受的压力。几乎每一名“高四”的孩子都抱有着孤注一掷的心态，他们在意每一次的成绩，在意每一次分数的高低。

考得比上一次好了，他们没时间喜悦，而是希望能够在下一次考得更好；考得失误了，他们的情绪波动会更大，他们会在心中一次次地拷问自己：“我是不是根本就不应该来复读？这一年结束之后，我的成绩能提高么？”这样的疑问反复出现之后，就会动摇孩子心中的自信，甚至会影响到孩子的情绪、生活。所以，如果孩子的心理素质不是特别优秀，那么家长最好建议孩子放弃复读这条路，让孩子及早开始对未来的规划，相信这样对孩子会更好一些。

留学是不是咱的“菜”

许多家长都有这样的念头：“如果孩子的高考成绩不是很理想，那么我就将孩子送到国外去读大学。”留学，似乎是孩子高考失利的一个保障，而且，似乎只要孩子从国外留学回来，就一定比在国内读大学有出息。然而，事实真是这样的吗？

致父母的话

留学的浪潮汹涌澎湃，甚至一度成为家长们互相攀比的内容。但是，家长们有没有想过，自己的孩子究竟适不适合留学？如果将高考比作一场盛宴，那么留学也不过就是这场盛宴中的一盘菜而已。一盘菜显然无法同时满足所有人的口味，所以，家长在做出决定之前，必须充分调查，真正明白：留学究竟是不是咱的“菜”。

生活小案例

在出国浪潮正火热的时候，一对邻居也加入了进来。他们两家一男一女，两个孩子年龄相当，在同一年参加高考，两人的高考成绩都不是很理想。恰逢此时外出留学的学生非常多，于是，两家的家长也决定让孩子加入到留学的队伍中。

女孩平日里成绩很好，在年级中也名列前茅，原本父母和学校的老师对她都非常看重，没想到，女孩竟然发挥失常了。得知高考成绩之后，父母与女孩进行了一次交谈，在交谈中，他们给出了三个选择：去一所二本院校、复读、留学。

女孩思考一天之后，给了父母答案。她告诉父母，自己想要外出留学，争取在国外获得更优质的教育。听到女孩的决定之后，父母并没有感到意外，似乎早已猜到了女儿的选择。但是，他们给女儿算了一笔账，在账上，他们明确地算出女孩外出留学所需要的钱数。

看到纸上写的那笔不菲的费用，女孩对父母说：“爸爸妈妈，我都已经18岁了，从法律方面来说，我也算是一个成年人了，你们就放心吧。我会解决这些问题的。”

最后，父母将女孩送到了英国一所学校。在那里，女孩在刻苦学习的同时，还利用自己的业余时间打工。几年的大学时光结束后，女孩不仅靠打工积累了一些工作经验、获得了一些金钱的报酬，而且，她的学业也丝毫没有落下，反而每一年都能够获得奖学金。因此，当其他同学都来回奔波着寻找工作时，女孩已经在几名大学导师的推荐下，顺利进入一个知名企业工作了。

与女孩的一帆风顺相比，男孩的遭遇则显得要坎坷得多。虽然男孩的成绩与女孩相差无几，但是男孩并没有因此而感到不满，反而觉得这是自己超常发挥才取得的成绩。所以，当男孩的父母问道：“你想去外国留学吗？”男孩毫不犹豫地点头同意了。

男孩去的大学位于澳大利亚，由于男孩在家中从来没有做过家务，而且这也是男孩第一次离家这么远，所以出发前，家长再三交代：“在国外照顾好自己，不要怕花钱，没钱了就给家里打电话。”男孩点着头答应了。

虽然父母早已对男孩花钱的速度有所估量，但是很快他们就发现，他们还是低估了儿子花钱的能力。虽然每次都会给孩子打很大一笔钱，但是父母觉得，只要孩子能够顺利毕业，得到一张大学毕业证书，这些付出也就值了。

可是，让父母感到失望的是，儿子在大学毕业的时候差点就拿不到毕业证。虽然经过一番努力，儿子最终拿到了毕业证，但是儿子工作找得却异常不顺利。不是儿子看不上人家公司，就是人家公司没选中他。父母没有办法，只好任凭儿子每天用打酱油的态度找着工作。

应对策略

细数身旁那一个个鲜活的事例，的确有许多精英“海龟”成功地开创了自己的事业，创造了属于自己的辉煌。但是，我们也应当看到，并不是所有的“海龟”都获得了成功，还有一大部分人高不成低不就，成了社会上的“海带”。

那么，家长应当如何看待留学呢？什么样的孩子适合留学呢？

1. 留学不是“救命稻草”

每一年，高考失利的都大有人在，这些人当中，有一部分是知识牢固、发挥失常的，但更多的却是原本成绩就不出色，学习能力相对较差的学生。对后面这类学生来说，即便父母将他们送出了国门，他们也无法进入那些出色的外国大学学习，最终也只能进入那些很一般的学校学习，而这与在国内上学并无二样。

或许，换一个角度来讲家长更容易明白：孩子在国内寒窗十年，成绩并不出色，现在将孩子送出国门，他们能在短短的三四年里就焕然一新，转而成为同龄人之间的佼佼者吗？所以，当孩子高考成绩不理想时，家长更应当注意：留学并不是唯一的“救命稻草”。

2. “海龟”不等于“铁饭碗”

在一些家长的眼中，只要孩子能够从国外获得一张毕业证书，那么孩子就与国内毕业的大学生不一样，至少孩子到过国外，眼界不一样。但是时至今日，当工作单位外出招聘时，他们更注重的是孩子的能力，而不再像曾经那样只看毕业证书了。

因此，即便是孩子从国外成功归来，如果他没有学到真材实料，那么“海龟”也无法找到理想的工作，不仅与“铁饭碗”无缘，甚至连“饭碗”都无法找到，成为“海带”。

3. 心理素质差、自制力差的孩子不适合留学

外出留学，需要孩子在短短的时间内适应完全陌生的生活环境；不一样的生活习惯，不一样的饮食习惯，不一样的语言习惯，这一切的改变，如果孩子没有良好的心理素质，可能根本无法承受这样的巨大压力。

曾经就有这样的例子，一个女孩外出留学，结果无法适应当地的环境，又找不到人诉说心中的苦闷，久而久之，竟然患上了严重的抑郁症。家人没有办法，只好将女孩接回家，在国内进行治疗。

而自制力差的孩子一旦远离了家长、老师的监督，则很难抵挡来自各方面的诱惑。国外诚然有许多值得借鉴的地方，但无可否认的是，国外也有着许多不为人知的阴暗面，那些自制力差的孩子则难以拒绝其带来的诱惑。

所以，如果孩子在重点中学就是学校的尖子生，有着属于自己的学习方法及习惯，或者孩子虽然成绩不是最优，但他有着极强的适应能力，这样的孩子才是外出留学的最佳人选。

道德篇

好的品质是成长的基石

纵观中华民族上下五千年的历史，中国可谓“道德之邦”。几千年前，道德的种子便撒在了这片广袤的土地上，并生根发芽，抽枝吐叶，开出千姿百态的花。当下道德依然不可忽略，每位家长都有一个望子成龙、望女成凤的愿望，但是孩子到底能不能如家长所望，学习成绩是一方面，另一方面便是做人。好的品质是孩子成长的基石，好的品质影响孩子的一生。

人生观是最重要的基石

在西方一些国家的教育中“人人生而平等”的思想可以说深入人心。在美国无论是学校里还是家庭里，人人要平等，不分等级，家长把孩子当做成年人来对待，要尊重其人格。因为每个人都是独立的个体，哪怕是几岁的孩子也有自己的观点和想法，孩子可以自己作出抉择，可以追求自己的个性与自由。他们往往不看重一个人的家世背景，更注重个人的能力和水平。高中阶段的孩子正处于人生的转折点，要树立良好的人生观，搭好人生的基石。

致父母的话

孩子在前行的道路上需要一盏指引的明灯，这盏灯就是孩子的人生观。孩子树立了正确的人生观之后，才能在追寻理想的道路上走得更稳、更高、更远。

生活小案例

小时候，张宏的家庭教育一向比较宽松。上高中以前，爸爸妈妈从来不过问他的成绩，任由他每天玩耍。每次上学时，妈妈都会说：“在学校里跟同学们好好玩。”

然而，自从上了高中，张宏觉得家里人对自己的态度就完全不同了，开始关注他作业是否完成，考试成绩如何，等等。去学校时，妈妈叮嘱的话也变了：“在学校里认真听老师讲课，好好学习。”就连一直不怎么过问自己学业的爸爸，也开始和他谈心，问他学习上是否遇到了问题。

张宏有些不理解，他问爸爸原因，爸爸解释说：“儿子，以前你年龄还小，玩乐就是你生活中最重要事情。但是，人只有学习知识，将来才会过得更有意义。所以上了高中，学习就成了你生活中最重要的事情。因此，我和你妈妈才会开始关注你的学习情况啊。”

张宏也知道，自己不可能一辈子永远玩下去，看来，自己要开始慢慢地改变自己的生活观念了。

应对策略

人生观是一个人对人生目的、意义和价值的基本看法。正确的人生观可以让人更加理性地生活，轻松应对在社会中遇到的问题。

孩子上了高中以后，不仅开始接触更多的知识，也在与众人的交往的过程中产生了特定的想法，形成了自己的人生观。在这一重要阶段，家长一定要注意提高孩子的综合素质，帮助他们树立一个积极健康的人生观。

这一时期的孩子，在学习新知识时不再遵循一味接受的态度，而是带着批判的心理对新知识展开探索。这一探索过程，也正是孩子人生观的形成过程。但因为孩子的视野狭窄，经验不足，看不清事物的本质，如果家长不加以引导，孩子就可能形成一个错误的人生观，这对孩子的未来必然造成巨大的危害。怎样为孩子建立一个正确的人生观呢？不妨让我们看看以下几点建议。

1. 与孩子谈心时，多给孩子提及人生问题

家长与孩子谈心时，一定要站在孩子的角度上，去理解他们的种种想法和看法。自从孩子上了高中后，对很多事情都开始有了自己的见解。如果家长贸然指出孩子的错误，不仅得不到让孩子改正的效果，反而会招致他们的抵触心理。因为这一时期的孩子都有些逆反倾向，和孩子起冲突，只会让他们逆着你的意思来。

所以，家长和孩子针对某件事的发表看法时，要先听听孩子是怎么想的，如果他的观点错误，家长也不要急着反驳，可以再找一个类似的、自己经历过的事情继续让孩子评论，然后家长对第二件事提出自己的看法，最后引导孩子逐步形成正确的观点。

当然，和孩子聊天时，家长还可以有意无意地提及自己的一些人生观点，例如理想、未来等。如果家长对孩子说出自己内心的真实感受，孩子很容易受感染，他们的人生观便会朝着正确的方向靠拢。

2. 联系生活，用事实来教育孩子

现在的孩子，大多数都是独生子女，从小受到家里人的娇惯，喜欢以自我为中心。如果孩子在高中阶段有不良的人生态度和观念，家长不加以引导，将来很可能形成一种偏激的人生观，孩子或可能变得自傲或自卑。

教育孩子，空洞的说理显然是行不通的。只有联系实际，让孩子在现实中体味对与错，他们才能得到一个直观的教育。联系实际的方法有很多，例如在吃饭前后，家长可以随口提一些报纸、电视上的时事和孩子讨论，也可以和孩子分析一些网络现象等，帮助孩子加深对现实生活的理解。

除了和孩子探讨时事外，还可以和孩子聊聊生活中的一些小事，当然，事情必须是孩子感兴趣的。家长在叙说事情时，以陈述为主，尽量先不要加入自己的观点，等孩子做出回应后，家长再给孩子说说自己的看法。

但家长教育孩子的时候，一定要多站在孩子的角度去看待问题，切不可以家长的身份趾高气扬地对孩子说教。和高中阶段的孩子相处，朋友的身份要远比家长的身份更管用。

3. 对孩子的人生观教育要持之以恒

人生观不是一蹴而就的，是人们通过对现实长期地观察和理解，逐渐拥有了自己的一套看法，这才形成人生观。所以，对孩子人生观的教育也非一朝一夕之事，随着孩子接触的事情越来越多，心理出现各种错误和偏见都是正常的，家长要及时发现这些问题，耐心用合适的方法去帮孩子纠正。

张佑上了高中后，每天晚上做完作业，爸爸都会陪着他看会儿电视，或是足球、排球、台球等娱乐节目，或是新闻联播、焦点访谈等时事项目。爷俩一边看电视，一边聊天，很是开心。看完电视后，他们还会津津有味地对节目评价一番。

有时，张佑看待事情的角度有些偏激，这时爸爸就会想方设法地把孩子的心态调整过来，然后耐心帮孩子更正观点，每次张佑都会被爸爸说得心服口服。连续一年的时间，爸爸几乎每天晚上都会陪张佑看电视、聊天。

后来，张佑已经能够很客观地看待问题了，爸爸还是会偶尔抽出时间和他讨论问题，逐渐帮孩子树立了正确的人生观。

当然，除了和孩子直接交流外，家长还可以给孩子推荐一些具有正确人生观和价值观的书籍，像《钢铁是怎样炼成的》《老人与海》《假如给我三天光明》等，让孩子从书中学到积极的人生态度。

对于孩子人生观的教育，家长要从心底重视起来，坚持长期教育孩子，让孩子在高中三年形成一个积极、健康的人生观。

正确认识自我

“见贤思齐焉，见不贤而内自醒也”的意思是看见有德行或才干的人就要想着向他学习，看见没有德行或才干的人就要反省自己是否有和他一样的问题。这是古人所说的自省。

在当今，正确认识自己的精神面貌、道德品质、才能，正确认识自己的过去和现在，应发扬和保留的优点、应克服和改进的缺点，正确认识自己的脾气、性格等。能够正确认识自己是一个逐步成熟的过程，自省可自明，自律促自成，自强保自信。这是一件相当重要亦十分困难的事情。

人们常说“人贵有自知之明”，那就是既不高估自己也不看低自己。认识到这一点容易，但要做到这一点，却非人人能及。成年人未必都能做到，更别说一个未成年的孩子了。正确认识自我是一个长期的并伴随一生的过程，家长有必要以身作则，在日常生活和学习中给予孩子正确的引导。

致父母的话

自我意识是孩子改造自身的主观因素，它可以让孩子在不断地自我监督、自我审视下，进行自我完善。自我意识影响着孩子性格的形成，决定了孩子将来会成为一个什么样的人。

生活小案例

一天，妈妈给杨志读《范进中举》的故事。听完故事，杨志笑着说：“范进真是可笑，为了一个举人，竟然考了一辈子，考中了，他反而疯了。”

妈妈听后，接着同孩子说：“别说那时候，就是现在也有很多人和范进一样，因为一点失败或成功就大悲大喜，只不过是没有范进这样夸张罢了。我想问你，如果你在全校考了第一名，你会怎么做呢？”

“那我一定会告诉所有的朋友，让他们看看，我学习有多么好！”杨志自豪地说。

"如果你的成绩一落千丈呢？"

"那我可能会接受不了，在老师和同学面前一直抬不起头来。"

"看，你这样对待成绩和范进有什么区别？"妈妈笑了笑，接着说："在学校里，每个学生都有考好或考差的时候。其实，不仅是学习，生活中的很多事都是在成功和失败中交替前进的。如果单单因为这些小小的成功或失败，就认为自己很优秀或者一无是处，那活着该有多累啊！"听了妈妈的话，杨志略有所思地点了点头。

后来，在学习的过程中，杨志常常想起"范进中举"这个故事，而他也再没有因为成绩的好坏，变得骄傲或自卑。

应对策略

自我意识，即主体对自身的意识，包括对自己的身体、事业、情感、学习、意志等方面的认识。自我意识对孩子的心理和个性发展起着主导作用。自我意识水平高的孩子，能够客观地认识自己以及周围的人和事物，能够正确地评价自己的行为，进而能够很好地处理生活中遇到的各种问题，心理也更加健康。而自我意识不足的孩子，因为自我评估不准确，常常过高或过低地估计自己的能力，受到现实的打击后，就会变得萎靡不振、患得患失。时间久了，自然会出现很多心理问题。

高中阶段，是孩子自我意识发展的关键期和敏感期。如果没有家长的帮助，孩子的自我意识很可能会走向一个畸形的道路，变成一个自大、张狂、叛逆或是自卑的人。那么作为家长，我们应该怎么帮助孩子，让孩子的自我意识朝着健康的方向发展呢？

1. 为孩子建立一个民主型的家庭

对孩子来说，家庭氛围往往影响着他们自我意识的发展方向。而只有家长为孩子建立一个民主型的家庭氛围，才能培养出孩子正确的自我意识。

现代的孩子个性张扬，他们常常穿着怪诞的衣服，留着奇异的发型，听着劲爆的歌曲，走着疯狂的步伐……总之，孩子的很多行为在家长看来都是不可理喻的。于是，家长批判孩子的种种不是，孩子厌烦家长的唠叨和古板，两代人“势如水火”，“战争”不断……

出现这种问题，根本原因不在孩子身上。因为孩子本来就不够成熟，他们拥有自我意识，想要独立自主，而张扬个性便是他们显示自我的一种体现。在这样的情况下，如果家长不能摆正自己的位置，对孩子的行为随意指点、批评，自然会引起处于逆反期的孩子的反抗。

然而，这些事情如果放到民主型的家庭中，问题就解决了。面对孩子种种的另类行为，民主型的家长会静下心来，平等地和孩子交流，引导孩子正确地认识和评价自己，从而培养出孩子正确的自我意识。

我就曾接触过这样一个家庭。

在日常生活中，父母既是孩子的长辈，也是孩子的朋友，两代人之间几乎无话不谈。

有一次，妈妈问儿子：“你将来要做一个什么样的事业？”

“我要做一个个性十足的歌星，发展出自己的特点，就像梵高一样，即使不被接受，我也要坚持自己的艺术。”儿子想了想回答说。

“不错，有想法，不过生活还是要继续的，如果活不下去，你又能怎样继续发展自己的事业呢？”妈妈开玩笑地说。

“妈妈，您放心吧，我有分寸的。唱歌是我的一个兴趣，除此之外，我还有别的主营事业，一定不会饿到自己。”儿子有点得意地说。

……

身为家长，我们不难想象，在这样民主的家庭中长大的孩子，他的自我意识一定会非常的积极、健康。民主型的家庭多了一份和谐与欢乐，亲子间能够畅所欲言。孩子在家长正确的引导下，轻松快乐地向着未来前进。

另外，在民主型的家庭中，家长与孩子的交流非常自然，因为他们是朋友，是平等的身份，彼此都不需要畏惧。即使是谈论一些敏感的话题，例如和异性的关系等，作为孩子的朋友，家长和孩子之间也能够正常地交流。

当然，在民主型的家庭中，虽然孩子和家长有了平等说话的权利，但家长一定要记得时时给予孩子点拨，把孩子的观点往正确的方向上引导。孩子在学会正确认识自己、认识他人的过程中，便会渐渐地形成健康的自我意识。

2. 在成功和失败中，让孩子正确认识自己

生活中我们常常遇到这样一些孩子，他们不能正确地对待学习上的起伏。成绩好的时候，他们就把自己当作天才；成绩差的时候，他们又会感觉自己一无是处。孩子的这种不正常的情感表现，便是因为他们没有建立正确的自我意识，不能坦然面对成功和失败。

一般来说，高一的孩子在自我意识方面很容易出现问题。进入高中后，随着孩子遇到的挫折增多，会变得有些喜怒无常。这时，家长要教育孩子正确对待失败和成功，可以利用孩子成绩的好坏，来引导孩子正确、客观地认识和评价自己，让孩子形成正确的自我意识。

要做到这一点，首先，家长要控制好自己的情绪。当孩子的成绩考砸时，家长要忍住怒火，帮孩子找出考试失误的原因；当孩子的成绩考好时，家长也不要忙着大摆筵席，为孩子庆功。只有家长先做到这些，孩子才能在失败时不沮丧，成功时不骄傲，形成正确的自我意识。

另外，家长还应该通过生活教育，提高孩子的自我效能感，让孩子对自己能否成功做成某事进行客观判断。当孩子有了强烈的自我效能感后，对成功和失败会有一个更客观的认识，对自己也有一个更准确的定位。

把握好“金钱观”的度

金钱是好仆人、坏主人。一个人是做金钱的主人，还是做金钱的奴隶，这反映了两种不同的金钱观。

金钱是幸福生活的必要条件，但有了金钱就等于拥有幸福吗？有一种生活也是我们不可缺少的，那便是精神生活。物质生活富裕而精神生活空虚的人会有真正的幸福吗？

金钱能买到豪华的家具，但买不到和谐的家庭；金钱能买到药品，但买不到健康；金钱能买到伴侣，但买不到真正的爱情；金钱能买到奢侈品，但买不到文化与修养；金钱能买到笔墨纸砚，但买不到文思和理智。

世界上有很多东西是金钱买不到的，而买不到的东西价值更高。这说明金钱的功能是有限的，金钱岂能充实匮乏的精神？物质岂能疗愈受创的心灵？

致父母的话

君子爱财，取之有道。当孩子表现出色或者成绩优秀的时候，用金钱来作为奖励不失为一个策略，但这里必须说明，这不是一个良策。家长需要帮助孩子培养起一个正确的“金钱观”。

生活小案例

案例1：

冯浩的一个堂兄考上了重点高中，冯浩的父母非常高兴，但同时也犯了愁。他们想送点贺礼，却又不知道要送什么。冯浩不以为意地说：“随便买点什么不就行了，这有什么难决定的？”爸爸反驳道：“那可不行，人家孩子考上高中，我们怎么也得送点好礼物才行。”

这时，冯浩的眼睛一亮，说：“爸，如果我考上了重点高中，亲戚们是不是也会送好礼给我啊？如果多送些钱那就更好了，到时，我要换个好的智能手机，然后再买个笔记本。”听了儿子的话，爸爸一脸不高兴地说：“你这孩子，年纪这么小，想要的东西还不少。”

“这有什么，我好多同学现在就有这些了，他们家里人给的零花钱超多，想买什么就买什么，我快羡慕死了……”冯浩继续滔滔不绝地说着，而此刻冯浩的爸爸感觉到，现在的问题不是给侄子买什么礼物，而是该怎样教育儿子正确看待金钱了。

案例2：

王海上了高中后，一直缠着妈妈给自己买一个笔记本电脑，妈妈觉得这刚好是教育孩子学会理财的一个好时机。平时，妈妈每周都会给王海非常多的零花钱，如果他学会储蓄，自己很快就能攒够买笔记本的钱。但每次王海都把钱用光，从不剩余。

妈妈告诉他：“想买笔记本，你得学会存钱。以后我每周给你的零花钱会多一点，然后，再给你办个银行账号，你把剩余的钱都存进账号里。三个月后，你的银行账号里有多少钱，我就再添多少钱，给你买个笔记本。”王海高兴地答应了。

在接下来的三个月里，王海尽可能地节省零花钱，把钱都存进自己的账号里。三个月下来，王海存了近两千元，妈妈很高兴，也拿出两千元，给王海买了一个精致的笔记本。

从此以后，王海不再乱花钱了，他学会了把钱存储起来，以备不时之需。

应对策略

有许多家长为了调动孩子的学习积极性，不惜用金钱作为奖励。可是孩子得到金钱之后，他是如何消费的，是否有他的计划？在孩子的心中，又是如何对待金钱的呢？

随着人们生活水平的提高，孩子得到的零花钱也越来越多。特别是上了高中以后，因为孩子不在家里吃饭，家长总担心孩子吃不饱、穿不暖，或是因为学习需要，总给孩子大量的零花钱。然而，很多孩子就在家长的“纵容”下，养成了爱花钱的坏习惯。如果钱实在不够用，有的孩子就编各种理由跟家长要，什么老师让买资料啊，学校里让捐款啊，等等，甚至还有孩子偷拿家长的钱。为了避免孩子养成这些恶习，家长一定要及时让孩子树立正确的金钱观。

1. 循循善诱，帮孩子树立正确的金钱观

在发达国家，教育的重点除了情商和智商外，还包括财商。所谓财商，就是一个人认识金钱和驾驭金钱的能力。它是每个人都应该具备的社会基本生存能力，这关系到人们进入社会后的发展与幸福。但是在我国，学校对于孩子财商的教育不够重视，这就需要家长来多多弥补。

有一篇报道说：一个13岁的孩子，为了上网吧，偷了爸爸的钱包，被爸爸抓住后，一顿暴打，还把他锁在屋里反省。可谁想到，没过几天，孩子从家里偷拿了两万多元，离家出走，家里人心急如焚，连续找了几个月，才把流浪在外的孩子找回来。可回来后，孩子还是经常偷拿家里的钱。

显然，这个孩子对金钱根本没有深刻的概念，他的金钱观是扭曲的。在当今物质相对丰富的生活环境中，家长给孩子金钱的同时，一定要灌输给他们正确的金钱观。正确的金钱观包括：让孩子认识到金钱是从何而来，让孩子了解到金钱的真正价值；多注重培养孩子的金钱品质，让他们明白金钱可以满足物质需求，却满足不了精神需要，生活中有很多东西都远远比金钱更重要。

当然，仅仅是把这些道理讲给孩子听是行不通的，家长要配合生活中孩子遇到的一些金钱解决不了的麻烦，逐步引导提醒。当孩子的金钱观慢慢步入正轨时，家长要多多赞扬和奖励。

2. 除了孩子必要的需求外，尽量少给孩子零花钱

现在，人们生活富裕了，本是一件好事。但人们享受生活的同时，也产生了一系列的烦恼，其中之一便是孩子金钱观的教育问题。有的家长认为，在孩子身上投入的经济成本越高，教出来的孩子就越优秀。然而，调查发现，孩子的学习成绩、心理素质、身体健康等与他们的经济状况的优劣几乎毫无关联。硬要说的话，充裕的金钱对孩子的成长更多的是起到负作用。很多有钱的孩子上了高中开始泡网吧、谈恋爱，或是进行一些虚荣的攀比。

金钱是一把双刃剑，成年人尚且不能很好地把握它，更别说孩子了。想让孩子正确地使用金钱，就要培养他们节约用钱的好习惯。在孩子尚未形成正确的金钱观前，家长要对孩子的经济进行限制，除了一些生活必需消费外，给孩子的零花钱要尽量少。如果孩子强要，家长可以给孩子提一些条件，例如帮家里人干一些活，学习一样新东西等。

3. 以身作则，教给孩子理财

随着孩子的成长，理财也是他们必须要学会的一项技能，帮助孩子学会花钱，正是帮助他们养成独立的生活能力。而且，良好的理财教育还可以提升孩子的品质，让孩子学会把握付出和收获的关系。

在理财教育上，家长的影响无疑是巨大的。家长要以身作则，引导孩子走向正确的理财之路。

理财的一个首要方面是储蓄。家长要培养孩子养成储蓄的习惯，教育孩子，想买好东西就要学会自己攒钱。家长可以像案例2中的那位妈妈一样，激发孩子的储蓄兴趣。

其次，家长要相信孩子处理金钱的能力，并给予孩子一些必要的指导。例如，帮孩子制订一个“消费计划”。在计划中，让孩子学会分配金钱，然后把实际的消费也记录下来，初步培养他们的理财能力。

再次，家长可以试着让孩子参与家庭理财活动，让孩子在“当家”的过程中，体味理财的方法及重要性。

魏鹏平时花钱就喜欢大手大脚，上了高三后，这一坏习惯更加严重。爸爸觉得应该让孩子改掉这个毛病。于是，他和魏鹏的妈妈商量后决定，接下来一个月家里的开支交由他来管理。

一开始，魏鹏非常高兴，拿着大把的钱考虑着该怎么“潇洒”。可没过几天，妈妈不停地把账单塞在他手里，水费、电费、买菜的钱、买生活用品的钱……种种消费让魏鹏不得不精打细算起来。

一个月下来，魏鹏的理财能力大大增加，也体会到了钱财的来之不易。他向爸爸保证，自己以后再也不乱花钱了，而且，还要好好学习理财的知识。

对于理财，孩子只有亲身参与其中，才能体会到理财的重要性，才能对金钱有更进一步的认识。

想要孩子拥有正确的金钱观，家长的教育和引导才是关键。再多的金钱，也不可能堆砌出一个懂事听话的好孩子。给孩子的钱越多，反而更容易让他们步入歧途。

要懂得相互尊重

育人如同育树：“能顺木之天，以至其性焉尔。”这是指教育要尊重孩子的天性，让孩子自由发展。在家庭教育实践中，尊重孩子有一个“度”的问题：只有讲究好分寸，把握好尺度，才能使家长的有意引导和孩子的自主发展达到和谐的统一。

所谓尊重孩子，我认为是尊重孩子的选择，把孩子作为一个平等的主体来看待。家长和孩子之间的对话、交流、生活应该是相互平等，互相尊重的。家长在尊重孩子的同时，也要教育孩子尊重大人，孩子都是以自我为中心的，如果我们习惯了被孩子支配，对孩子的成长也极为不利。

致父母的话

家长与孩子之间的了解，其实不必偷偷摸摸的。要知道，高中阶段的孩子已经逐渐拥有了健全、独立的人格，他已经有了自己的思想、自己的秘密。所以，与孩子进行平等对话吧，尊重他的决定，尊重他的秘密，这样才能让他在不知不觉中感受到尊重的力量。

生活小案例

有一位妈妈不知从什么时候开始，在帮助女儿收拾房间时，总是喜欢翻看孩子的那些精美的笔记本。那些笔记本里不仅有优美的图画，而且也有热爱写作的女儿摘抄的美文，此外还有许多女儿的随笔。

在翻看这些笔记本的过程中，看着女儿娟秀的笔记中表达出来的那些或冲动，或愤怒，或兴奋，或喜悦的情绪，妈妈也随之感慨不已。原来在不知不觉中，女儿已经长大了，她开始对周围发生的事情发表自己的看法、观点了。

时间就这样一天天地过去，女儿也知道妈妈翻看自己笔记本的事情，但是她并没有对此表示什么，妈妈也仍然继续着这样的行为，不仅欣赏着那些优美的文字，也一点点了解着女儿的成长。

可是有一天，当妈妈又一次帮助女儿收拾房间的时候，忽然发现，在女儿的书桌上多了一个精美的笔记本。妈妈并没有在意，收拾完毕之后，像往常一样，她又随手打开了这个新的笔记本。

但是，让妈妈感到出乎意料的是，在笔记本的扉页上，出现了几个女儿娟秀的字迹“请勿动！！！”妈妈愣住了，不过在一番犹豫之后，她还是选择尊重女儿的决定，没有继续翻阅下去，而是将笔记本合上，轻轻地放在了女儿的书桌上。

虽然有一些难过，不过，妈妈还是很快就调整好了心态。她暗暗告诉自己：女儿已经长大了，有一些属于自己的小秘密是再正常不过的事情了。那个精美的笔记本里肯定就写着属于她自己的小秘密了，可是女儿并没有将这个笔记本藏起来，而是大大方方地将它摆了出来，这不就是女儿对自己最大的信任吗？

所以，妈妈最终还是忍住了自己的好奇心，她选择尊重女儿的决定。她相信，尊重是相互的，只有自己尊重了女儿的选择与决定，才会获得女儿的尊重与信任，才能够将母女之间的这份和谐保持下去。

应对策略

著名诗人普希金曾经说过："尊重别人吧，它会使别人的快乐加倍，也能使别人的痛苦减半。"尊重他人，不仅能够体现出自己的道德修养，更能够帮助自己建立和谐的人际关系，帮助他人提升自信。

所以，培养孩子懂得尊重他人的品质就显得尤为重要了。那么，家长需要怎么做才能教会孩子尊重他人呢？

1. 亲身践行

就如同案例中的母亲一样，面对女儿的提醒时，她能够及时克制自己，以身作则，尊重女儿的决定，尊重女儿的隐私，虽然没有刻意同女儿进行谈话，但是她用自己的行动表现出了真正的尊重，相信在以后的日子里，她们母女之间的关系也仍然能够像曾经那样亲密、和谐。

2. 注重细节

每个人的身上都有着优点。一代圣人孔子曾说："三人行必有我师"，圣人尚且如此尊重他人，我们又有什么理由不将尊重放在心里呢？有人曾说："我将尊重放在了心里，只是不知道该如何表达而已。"其实，尊重他人更重要的是表现在细节之上。

曾经看到过这样一则故事，有个富翁在一次散步的时候，无意中看到了一位衣衫褴褛的年轻人蜷缩在路旁一角。年轻人面前有一块破布，破布上零散地摆放着几本破旧的书籍。

富翁忽然想起了自己曾经那段困难的时期，于是他走上前，掏出几张钱塞到年轻人的手里，然后不等年轻人反应就离开了。可是，就在年轻人还在发愣的时候，富翁忽然又走了回来。

富翁走到年轻人的身前，他向年轻人道歉说："对不起，我回来是为了取我购买的书的。我为自己刚刚的行为道歉，因为您并不是一位乞丐，而和我一样，是一位商人。”说完之后，富翁郑重地同年轻人握手，然后离去了。

富翁并没有想到，他这个尊重的行为给年轻人带来了多大的震撼。在此之前，年轻人一直认为自己就是个潦倒贫困的乞丐，但是富翁的尊重给了年轻人无可比拟的尊严和信心。他离开了那个阴暗的街道角落，开始为了自己的事业而奋斗。无论面前的路有多么困难，他都始终在心中告诉自己：“我是一名商人，不是乞丐！”终于，他成功了。

3. 尊重孩子的意见

相信每一个家庭都会教导孩子许多规矩，但是并不是所有的孩子都能够遵守这些规矩。那么，出现这些分歧的原因是什么呢？无非是因为家长在制定规矩的时候，没有参考孩子的意见，没有同孩子进行商议。

而大量事实证明，家长一厢情愿制定的规矩，很少有与孩子达成一致的；而那些经过与孩子商议后制定的规矩，孩子则遵守得非常好。

做个讲文明、懂礼貌的孩子

在我们周围，时常会看到这种现象：几个高中生在公交车上若无其事地坐在老弱病残专座上；几个戴着眼镜的“文明”孩子，随随便便地讲出一些不文明的语言；某个“活泼”的高中生撞了他人一下，却看都不看一眼就扬长而去……种种劣迹正在高中生的身上蔓延开来。这些看似微不足道的小事，严重影响着高中生的道德素养。

至父母的话

文明礼貌反映了一个人的道德修养，对孩子来说，文明礼貌与学习同样重要。它可以直接影响到孩子的人际关系，进而影响到孩子的情绪与学习。

生活小案例

吴震是名高一的学生，在家里他有一个与众不同的绰号，叫“小喂”。吴震之所以有这个绰号，是因为他一点儿也不知道讲礼貌，无论喊谁他都是用“喂”。

有时妈妈要上街买东西，吴震就冲着妈妈喊：“喂，给我买点零食。一包瓜子，一包饼干。”在家里，妈妈要洗衣服，吴震便把脏衣服扔在洗衣机旁边，说：“喂，帮我把这几件衣服洗了。”

针对吴震这种言行，妈妈什么都没说，可在一旁的爸爸看不下去了，他对吴震说：“你这孩子，和妈妈说话怎么能用‘喂’？长这么大了，一点儿礼貌都不懂。”吴震白了一眼爸爸，依然是我行我素，见了谁都是一声“喂”。

应对策略

面对一些高中生道德素质低下的情况，家长一定要注意纠正。

1. 重视文明礼貌的教育，提高孩子的认知

孩子上初中时，家长和老师会常常教育孩子要讲文明，懂礼貌。孩子上了高中后，人们往往把教育重心全部移到学习上，素质教育渐渐被大家忽视，面对孩子文明礼貌低下的行为也是不闻不问，认为孩子已经长大，完全不需要再教他们文明礼貌这种小事了。这种看法显然不正确。

孩子步入青春期，变得渴望与人交往，希望他人认可自己。然而，他们却不清楚与人相处的技巧，很多时候因为举止不当，与同学、师长等产生了矛盾。如果孩子与他人交往时懂得文明礼貌，和善地与人相处，人际关系自然会好很多，也更有利于孩子的身心健康。

孩子的习惯大多数都是从生活中模仿得来的，因此，家长要有意识地培养孩子良好的行为习惯。例如在接人待客的时候，说话使用敬语；当家里来了陌生客人，要起身迎接，而且要面带微笑；对于客人的问题，要认真回答，等等。当然，想要孩子做到这些，家长首先要以身作则，给孩子提供一个学习的榜样。

2. 创造文明礼貌的家庭环境

在什么环境中成长，孩子将来就会成为哪一类人，因此，给孩子创造一个文明礼貌的家庭环境是必需的。在家里，家长应要求所有人都做到礼貌用语，“请”“谢谢”这些文明词语要常挂嘴边。这些都会潜移默化地影响孩子。

在小区里，人人都夸小欣是个懂礼貌的好孩子。在和别人说话时，小欣常常使用“您好”“谢谢”“对不起”“请”等词，给人一种非常懂事的感觉。小欣的懂事，当然离不开良好的家庭环境。小欣的爸爸妈妈都是明事理的人，他们在家里互爱互敬，一家人都很讲礼貌。

家庭环境对孩子的教育起着至关重要的作用，没有有问题的孩子，只有有问题的家庭。孩子本身对周围的环境不会特别的敏感，因为他们的心智发育尚未成熟。在家庭环境中，孩子很容易受到家庭的影响，逐渐形成自己的待人品德。家长只有为孩子创造一个文明的家庭环境，才能培养出懂事的孩子。

3. 尊重孩子，并让孩子学会尊重他人

文明礼貌是一个人良好修养的外在表现，只有懂得尊重他人的人才会讲究文明礼貌。家长想要求孩子学会尊重他人，首先要让孩子体会到被尊重的美好感觉，并深化教育孩子尊重与被尊重的关系：孩子只有尊重别人，才会赢得别人的尊重，而讲文明懂礼貌就是对人的一种尊重；反之，如果孩子因为一点小事就破口大骂，别人也一定会以同样的态度来回应，到时，恐怕两人只有靠打架来“解决问题”了。

4. 教给孩子相关的礼仪知识，引导孩子多加练习文明礼仪

孩子上高中以前，就已经接触了一些礼仪知识，例如见人要打招呼、握手等。一般情况下，学校只会教给孩子这些最基本的礼仪知识，更深一步的礼仪，则需要家长来给孩子补充。高中三年，孩子的思想逐步朝着成人的方向发展，所以，家长要把成人间常用的一些文明习惯教给孩子。例如，听别人说话时，要与对方有眼神上的接触，而且在表情和动作上要有一定的回应，显示你在认真听对方讲话等。

孩子上了高中以后，文明礼貌的教育必不可少。良好的文明礼貌习惯可以帮孩子建立良好的人际关系，为孩子赢得更多的朋友，以及他人的尊重。

解决问题要靠脑，不是靠拳头

打与骂是一代代人流传下来的最为古老的教育方式，但这种教育方式却并不是科学的教育方式。凭借暴力是无法解决问题的。父母不仅应当明白这个观点，更应当将这个观点教育给孩子，让孩子在生活中遇到纠纷的时候少动手，多动脑。

致父母的话

在某些家庭，如果孩子平时犯错误了，父母习惯用打骂来教育孩子，或许，父母自己认为这种方法很不错。但暴力只能管住孩子的一时，却管不住孩子的一世。父母的言行是会影响孩子的一生的，从小接受打骂教育的孩子，根本就不能从事情的本质上认识问题。

生活小案例

方某是一名高三的学生，平日里他总是仗着自己身体强壮欺负其他同学。如果有同学不小心冲撞了他，轻则扇耳光，重则对同学拳打脚踢。不仅周围的同学对方某忌惮不已，就连老师也不敢轻易招惹他。

后来，有一天，方某发现自己的足球不见了。他寻找再三，仍然没有找到。而周围的同学也都表示，并没有看到方某的足球。方某愤恨不已，感到满肚子火气，却不知道该向谁发泄。

没过多久，方某发现隔壁班级的男生在踢的足球竟然是自己丢失的那个足球，不禁怒从心头起，恶向胆边生，上前一把抓住足球，问道："这个足球是谁的？"踢足球的男生看到是方某，也都有些胆怯，不过还是硬着头皮回答说，是自己班级的男生集体买的。

方某对这个答案不满意，于是，他上前就对那个回答的男生拳打脚踢。方某发泄了一通之后，还指着周围的男生说："这事，没完！"

第二天中午，到了午饭的时间，方某却早早地带了一把刀堵住了隔壁班级的大门，他指着众人威胁说："如果你们没有对我进行补偿，那么以后我还会来堵你们的。”

嚣张的方某并没有意识到自己的行为已经彻底激怒了隔壁班级的男生。在方某离开后，为了避免方某的报复，他们聚拢起来，商议道：“如果方某敢再威胁我们，那么大家就跟他拼了！”众人纷纷点头。

当方某再一次出现在隔壁的班级对众男生进行威胁时，忍无可忍的众人一拥而上，开始围殴方某。而且，由于担心方某反抗，几个男生还拎起了教室中的凳子砸到方某的身上。当大家停下来之后，才发现方某已经头部出血，趴在地上不动弹了。

闻讯而来的老师急忙将方某送到医院，但是方某并没有被救活。

应对策略

不过一个小小的足球，方某却为之付出了自己年轻的生命。从案例中我们可以看出，学生们对方某积怨已久，或者可以说，即便没有这一场争执，如果方某不对自己的行为作出改变，仍然以暴力威胁同学，那么他最终的结果仍然不会改变。

让孩子崇尚暴力的因素有很多，也许是从电影中学来的，也许是从小说中学来的，也许，只不过是青春期的孩子渴望得到更多关注的目光……没有家长希望自己的孩子成为一名四肢发达、头脑简单的壮汉，可是，家长在日常的教育中注意过自己的行为吗？是否因为孩子犯错就对孩子进行打骂？

打骂教育是传统教育的一个陋习，所以家长在教育孩子的时候，不应当以“当初我就是这样接受教育的，而且周围的其他人也是如此教育孩子的”为理由对孩子进行打骂教育。要知道，打骂教育不仅容易打击孩子的自信与自尊，还容易让孩子的行为夹杂暴力的因子，不仅无法起到教育的良性效果，反而更容易带来恶性影响。

高中阶段的孩子不仅在身体上开始成熟，他们的心理也在逐渐向成年人靠拢。处于这一时期的他们，对周围发生的事情更加敏感，对身旁的变化也感到彷徨，他们的性格也更容易发生变化。

1. 家长教育方式的影响

有许多家长信奉“棍棒之下出孝子”，因此，他们严格地要求孩子，孩子稍有犯错就严厉处罚。然而，这些家长并没有意识到，高中学习、生活的转变，对孩子来说也是一道极高的坎。

在这道高坎面前，孩子不仅承受着来自学习方面的压力，需要重新摸索、寻找着适合自己的学习方式，还要面对生活方面的转变。但是，严厉的父母让孩子不敢诉说心里话，这些无从宣泄的情绪压抑在孩子的心中，会给孩子带来更大的阴影。

如果家长能够体谅孩子的困难，孩子当作朋友对待，常常给予孩子鼓励，常常和孩子进行谈心、沟通，通过交谈与沟通，不仅可以对孩子的心事进行开解，同时还可以向孩子传授一些的道理。

2. 重视成绩，更重视成长

成绩固然能够体现孩子在这一阶段的学习成果，但是却无法反应孩子这一时期的心路历程。因此，家长不仅应当重视孩子的成绩，还应当将孩子的心理转变放在重点观察位置。

如果案例中方某的父母能及早发现孩子的转变，如果案例中其他学生能将这种情况告知父母，或许，最终的结果就不会这般残忍。

送给孩子的最好礼物——善良

人性中蕴藏着一种最柔软，同时又最有力量的情愫，我们看不见，摸不着，只要我们用心去感受，我们便会感觉到一种美，这种美就是善良。

清澈的水来自雪山之巅，人的善良来自干净的心底，善良与正直、爱心、悲悯为伍，与邪恶、阴毒、冷漠为敌。柔软的善良可以融化冷傲的冰川，坚硬的善良可以穿透任何顽固的岩石。

善良是一种智慧，因为善良，你会得到灵魂的回馈；善良是一种胸怀，因为善良，你会包容周围的一切；善良是一种自信，因为善良，你会让自己永远美丽；善良是一种文化，因为善良，你会让自己变得深邃；善良是一种精神，因为善良，你亮出了做人的品位。

致父母的话

高中就是孩子面临的第一个大染缸，在这里，他会从教材中学习到如何做一名有修养、有道德的君子。但是无可否认的是，一些负面情景同样会出现在他们的眼前，比如：无所事事的小痞子、不思进取的小同伴……所以，家长的引导就显得尤为重要了。

生活小案例

马乐升入高中后，他感觉到爸爸对自己的要求有了很大的改变。在以前，如果他不管垃圾桶在哪都随便扔掉手中的垃圾，那么爸爸就会狠狠地呵斥他，并且坚持让他捡起垃圾，并扔到垃圾桶里。

此外，以前每当自己对着身旁需要帮助的人们漠不关心时，爸爸总会提前一步上前伸出援手，还不忘回头瞪自己一眼。

可是，现在，爸爸表面上没有曾经那么严格了，他只是常常告诉马乐："孩子，你已经是一名高中生了，是一个大人了，所以，你一定要努力成为受大家欢迎的人！"马乐不解，爸爸就继续说道："其实很简单，善良一点就可以了。"

可是，爸爸很快就发现，马乐并没有将自己的劝告放在心上，他仍然像曾经那样以自己为中心，毫不收敛自己的行为，而且，拒绝为他人提供帮助。爸爸觉得自己很有必要再为儿子上一堂课。爸爸相信，只要马乐感受到帮助他人的喜悦，他也会变得乐于助人。

一天下午，爸爸带着马乐出去散步。父子俩边走边聊，气氛倒也十分融洽。这时，五层的王阿姨两手提着满满的购物袋，满头大汗的迎面走了过来。爸爸咳嗽一声，然后理了理自己的衣领，同时脸上露出温和的笑容，不过，他的眼睛却一直盯着儿子。

马乐明白了，爸爸这是要让自己发挥"绅士"精神，上前帮助王阿姨呢。虽然有几分不乐意，不过在爸爸的"监视"下，马乐还是上前帮王阿姨提起了购物袋："王阿姨，这么多东西，我帮您送上去吧！"

王阿姨擦了一把额头上的汗水，连声道谢。而且从那以后，王阿姨常常对他人说，马乐非常懂事，乐于助人，大家对他的印象也都非常好。马乐也因此开始在意起自己的行为来，身上的坏毛病逐渐少了许多。

马乐还悄悄告诉爸爸，因为这些转变，自己在班里的口碑也非常好，大家都评论说他是班里最绅士的男生。看着儿子得意的神情，爸爸开心地笑了。

应对策略

“人之初，性本善。”在高中这个大染缸中，孩子的修养与素质正在成形。他们究竟是会成为一名文质彬彬的绅士还是一个自私自利的小人，这不仅取决于周围的生活环境，也十分依赖于父母的引导。

或许有许多家长会说：“孩子已经长大了，所以我们应当放手，让孩子学会自己选择，这些是家长所不能决定的。”的确，我们应当培养孩子的独立意识，但却不能放任自流。因为，虽然此时孩子已经有了一定的自控能力，有了一定的分辨意识，但是青春年少的他们仍然会不可避免地出现一些我们曾经犯过的错误。

此时，如果家长能够理智、正确地引导，那么，他们就一定能够依靠自己的思维和分辨能力寻找到正确的方向，进而提高自己的道德修养。

1. 放小抓大

每个父母都希望自己的孩子成为一个完美的人，但是“金无足赤，人无完人”，所以，在教育孩子的时候，家长更应当从大处入手，不要纠结于孩子的小毛病。这样，可以避免生活中一些琐碎的纠纷影响到父母与孩子之间的沟通，不会使得青春期的孩子对父母的话感到抗拒，更有利于家长进行引导。

2. 注重引导的方式

高中时的孩子正处于探索个人价值的时期，他们更重视自己在他人心中的形象，他们更希望他人明白自己的价值。因此，在引导孩子加强自己的道德修养时，家长应当注意自己的方式，尽量不要触及孩子的自尊。

这一点，案例中的爸爸就做得很好，面对需要帮助的王阿姨，他并没有像曾经那样，直接上前帮助，也没有对马乐的漠不关心进行批评，而是悄悄地暗示马乐，让马乐自行上前帮助。这样的方式，不仅保全了孩子的尊严，同时也可以极大地促进孩子的积极性。

3. 关注孩子的改变

有许多孩子都是从升入高中后才开始住校的集体生活，离开了爸爸妈妈的唠叨、呵护，他们与同伴相互之间免不了会发生争执、纠纷。我们相信，孩子们会在这些争执、纠纷后进行反思，并端正自己的心态，从而将善良、尊重、理解等作为自己的追求。

家长需要做的就是在孩子的心情陷入低谷时，引导孩子对这些挫折进行思考，引导他们关注人性的闪光点，将善良的种子播种在孩子的心灵之上，让他们真正成为一名心中有他人，被众人欢迎的人。

放开双手让孩子学会承担责任

孩子在成长过程中犯错是难免的，关键是家长对待孩子的态度和处理问题的原则。聪慧的家长会把错误当成一种资源，引导孩子透过事情本身寻求补救的方法，让孩子在学会解决问题同时学会承担责任。

让孩子学会承担责任就要从培养孩子的责任心开始，“授之以渔”强于“授之以鱼”，让孩子在过程中享受生活的乐趣。美国素有“领导人教父”之称的丹尼斯·韦特利博士曾说过“父母最需给予孩子的不是金钱，而是教会他们如何正确地生活、负责任地工作。”因为给孩子再多的物质财富，多年以后他们也未必能懂得生活的道理，未必能理解财富来之不易，反倒会滋生“坐享其成”的人生观念。而拥有责任意识和责任感将有助于孩子成长为一个对自己的行为负责，对组织、社会尽职的人。

致父母的话

天上的雄鹰是不会永远将子女呵护在翅膀之下的。每一个家长都希望孩子能够成为一名有担当、有作为的有用之才，但是，在家庭生活中出现最多的情景却是，疼爱子女的父母包办一切，而孩子却因此失去了学习锻炼的机会。

生活小案例

张某是一位名副其实的“考霸”，2003年，他第一次考入北京大学。但是由于他常常上网，影响到了自己的学业，于是被学校劝退了。

2005年的时候，张某再一次参加高考，这一年，他成功考入了清华大学。然而，没过多久，他就再一次因为沉迷网络的问题而被学校劝退了。

2007年，张某又一次在高考中脱颖而出，被清华大学录取……

四年的时间，曾经一同千军万马挤独木桥的同学，大多已经迈出校园，开始在社会上贡献自己的力量了。是张某仍然是一名大一新生，他甚至比其他新生更加迷茫。

有人曾经问过张某，问他有没有想过为什么会被大学劝退。张某沉思片刻后，犹豫着说道：“都是因为玩游戏，本来觉得挺无所谓的，在心里告诉自己，今天就玩一会，从明天开始，就好好学习，可是玩着玩着就忘了……”

为了帮助张某在大学里能好好学习，成功毕业，他的母亲甚至前往大学进行陪读。为了省钱，每天晚上母亲就躺在学校的长凳上将就。薄薄的衣衫根本无法抵挡蚊虫的叮咬，母亲身上几乎全是被叮咬的痕迹，可是张某站在母亲面前却手无足策，只是在心底暗暗下定决心，一定要好好学习，不辜负母亲的一片苦心。

应对策略

案例中的张某认为自己之所以被学校劝退是因为抵制不住游戏的诱惑，可是，真的是这样吗？究其根本，是因为张某的心中丝毫没有意识到自己的责任所在，所以，张某才会如此恣意放纵自己，才会出现被学校劝退的经历。

父母疼爱自己的子女，这是本能，是天性。但是，如果没有在日常生活中培养起孩子的责任感，让孩子明白自己需要担当，那么，当孩子离开高中，踏入相对自由的大学之后，就很容易陷入迷茫。

大学里，没有人帮他们制定任务，没有人强行查看他们的学习进度，没有人对他们的所作所为进行监督，一切都需要他们自己拿主意。而心中没有责任感的孩子则无法妥善合理地把握生活、学习的重点，因此也就无从理智地安排自己的生活。

那么，父母应当如何培养孩子的责任感呢？

1. 疼爱有度

父母疼爱子女是天经地义的事情，是难得的天伦之乐，我们可以理解这种疼爱，但是疼爱必须有度，否则这种疼爱就会成为一种溺爱，不仅会影响到孩子责任心的培养，还会影响到孩子的成长。

曾经有一位家长在送孩子去宿舍的时候，发现孩子分到的宿舍并不理想，宿舍门口的斜对面就是卫生间，如果宿舍不关门的话，那么整个宿舍中都是一股臭味。于是，这位家长放下孩子的行李，就去找生活老师了。

这位家长对生活老师提出："麻烦您帮我家孩子调整一下宿舍吧。"生活老师问为什么。家长回答说："现在的那个宿舍正对厕所，里面的味道实在太大了。"生活老师又问："那换成其他的孩子味道就会减小么？"家长无言以对。最终，生活老师也没有帮这位同学调整宿舍。后来，生活老师听说，那位家长是一位官员。

设问，如果生活老师答应了这位家长的请求，帮这个学生调整了宿舍，那么又会给孩子带来什么样的影响呢？他会在生活出现了问题时勇敢面对吗？他能够坚强地在困难中寻找解决方法吗？他能在遇到事情的第一时间不想起自己的父母吗？

2. 适当示弱

随着计划生育政策的实施，独生子女越来越多，"小皇帝"、"小公主"也越来越多。但是，孩子总有一天会离开父母，独自生活。所以，培养孩子的基本生活技能就是一件非常必要的事情。

有一位妈妈，十分疼爱女儿，一天，眼瞅着女儿就要放假回家了，可是丈夫却出差不在家，而她自己正感冒发烧，浑身疼痛，感觉一点力气都没有。可是，她还是坚持着为女儿做了一些简单的饭菜。

女儿回家后，妈妈强行撑着告诉女儿，说自己生病了，让女儿吃过饭后自己收拾一下。女儿听了她的话后，急忙伸出手，像平时妈妈做得那样，测了一下妈妈额头的温度，然后又找出体温计，帮助妈妈测量体温，又帮妈妈拿出家中常备的感冒药。看着妈妈吃过药后，女儿又扶着妈妈上床休息，她还告诉妈妈："您放心休息吧，我会收拾餐桌的。"生病的妈妈在迷糊中听到女儿吃饭、洗碗、开水的声音，她还听到女儿悄悄走进房间，帮自己关了床灯，还感到女儿给自己盖好被子。

第二天，妈妈的身体好多了。想想昨天晚上女儿的所作所为，她感到，原来在女儿面前示弱也挺好的，不仅感受了女儿的关爱，还锻炼了女儿的基本生活技能。

3. 了解动机

有时候，妈妈忙着做饭，孩子在一旁却将盘子给摔碎了。这个时候，对孩子大加斥责是不可取的，我们应当从正面去肯定孩子的动机。或许，孩子是想帮妈妈的忙，或许孩子是为了证明自己……这时候，从正面肯定孩子的做法，然后引导孩子做事的正确方法和流程。这样，当孩子再做同样的事情时，就能够顺利地完成了。

一起构建理解的桥梁

在现实生活中，缺少了坦诚交心、相互理解和信任，人与人之间，包括父母与子女、丈夫与妻子、领导与群众，以及同学、同事、亲友、邻里之间，产生矛盾、隔阂、怀疑、不满、怨恨等，往往是难免的。唯有沟通和理解，才能化隔膜为知己，释怀疑为信任，挽回亲情、爱情和友情上的损失。理解别人，理解一切，就会原谅别人，原谅一切，就会产生意想不到的效果，促使家庭和睦，干群团结，人人友爱。

然而，有些人在遇到麻烦、挫折、纠纷和委屈时，往往埋怨别人不理解自己的难处、苦处，得不到信任、关心、支持和帮助，却很少想到自己主动去理解别人。一个不愿全力理解信任别人、关心帮助别人的人，怎么能要求得到别人的理解和信任、关心和帮助呢?

致父母的话

在孩子心中，那座名为“理解他人”的桥梁还没有建好。如果家长能够帮助施工，相信这座桥梁能够建得更稳、更坚实。

生活小案例

案例1：

何玉刚上高二时，是班里的尖子生。周末，一位学习中等的同学和她约定，来她家里一起做功课。那天上午，何玉早早地起来，做好准备，在门外等着同学。可是，到了约定时间，同学没有来。何玉又等了很长时间，同学还是没有来，打电话也没人接。她非常生气，一个人坐在沙发上生闷气。

看到女儿不开心，妈妈过来问她出了什么事，何玉就把同学失约的事说了出来，然后抱怨道："我在家里等她，是帮她复习功课，结果她竟然不守信用，太可气了。"妈妈劝导说："同学不来又不给你打电话，很有可能是她遇到了紧急事件，来不及通知你呢。"看着仍然满脸委屈的女儿，妈妈叹息地摇了摇头，看来该给孩子好好上一课了。

案例2：

刘义是一名高二的学生，在学校里常常与别人打架，成绩也一直是班里后几名。一次，他又在学校里打架。没有办法，班主任把刘义的妈妈找来，告诉她如果刘义再这样下去，学校只有劝退他了。为了能让孩子继续留校读书，妈妈只得天天来学校做刘义的"陪读"。每天，妈妈在班里陪着刘义读书，放学后，她还要忙着回家做饭、做家务。看着妈妈奔波于学校和家里，刘义心里像被针刺了一样，隐隐作痛。

终于，两个星期后，刘义给班主任写了一封信，在信中他诚挚地写道："张老师，我知道错了，请您不要再让妈妈来学校里'陪读'了。每天妈妈在家里就有做不完的家务，现在还要来学校里陪我，她实在折腾不起啊！我向您保证，以后一定听话。"老师同意了。

从此以后，刘义像是换了一个人，他开始好好学习，而且再也没有打过架。

应对策略

学生最喜欢的老师，是能够贴心体谅学生困难的老师。然而，学生却不知道，老师最喜欢的学生也是那些能够理解老师的学生。有位老师曾感概说：“工作辛苦一点算不了什么，最令人头疼的是那些孩子不能理解我们的用心。我们辛苦地上课，严厉地要求，都是为了他们好，结果却只能招来学生的不满和讨厌，哎！”

不仅是老师，很多家长也有此烦恼。家长对孩子谆谆教导，换来的却是孩子的厌烦，嫌弃家长总是婆婆妈妈、喋喋不休。然而，孩子不理解父母、家长或是同学，最大的受害者还是孩子自己。不理解他人，换来的必然是双方的不和谐，进而影响到孩子自己的生活和学习。那么，身为家长，如何才能让孩子学会理解他人呢？

1. 理解孩子，做好言传身教的工作

无论在哪个孩子心中，家长的位置都是无可代替的。家长的一言一行都会成为孩子的学习对象。如果你常常在家里抱怨他人的不是，说东家长、道西家短的，孩子肯定会受到影响，形成以自我为中心的偏执观念。因此，想教育孩子理解他人，家长首先要做到与邻里和睦，与同事融洽相处。

另外，家长也要理解孩子，让他们亲身体会到理解的神奇效果。上了高中以后，孩子他们开始有自己的思想，可能不再怎么听家长的话，尽管有时他们的看法非常幼稚，但却表明了孩子正在慢慢走向成熟。这时，家长需要压制内心的更正欲，试着理解孩子的所作所为，你理解了孩子，孩子才会学着理解你。

2. 教给孩子学会换位思考，多站在别人的角度上想一想

孩子们不能去理解别人，是因为他们从来没有替别人想过。换位思考是理解他人的最佳方法，当一个人用别人的眼光来看待问题，自然会对别人的想法有更为深刻的认识。家长不妨和孩子调换角色，像过家家一样，让孩子来扮演家长或老师，继而从中学到理解他人的重要性。

李云天是一名高三的学生，平时喜欢唠叨，又有点儿懒惰的坏习惯。看到孩子这样，妈妈决定要改正孩子这些不良习惯。周末，妈妈对他说：“儿子，你平时总叨叨着父母不会做事，今天咱俩换个身份，让你来管家怎么样？”李云天欣然应允了。

角色转变后，妈妈开始学着他的样子，对家里很多没做完的家务说个不停。因此，李云天不得不开始忙着整理家务，有时叫妈妈帮个忙，妈妈就表现出一副不情不愿的模样。

这一天对李云天来说，过得比一个星期都要慢。到了晚上，累了一天的李云天满心敬佩地对妈妈说："我以前不知道做家务原来这么费事，真是太不懂事了。"此后，李云天不仅变得很勤快，而且再也不唠叨家人的不是了。

孩子在角色转变的过程中，会产生许多新的认识。这种换位思考不仅可以帮助孩子学会理解他人，还可以让孩子对生活中的很多问题有更深一层的了解和认识，大大提升他们看清问题和解决问题的能力。

3. 用生活和学习中的案例感化孩子

家长也好、老师也好，对孩子的关爱都是真心实意的，如果让孩子清楚地认识到这种关爱，孩子一定会体谅家长和老师的心情。例如，妈妈可以常给孩子讲爸爸工作时有多辛苦，爸爸可以给孩子说妈妈持家有多劳累。如果能再配合上老师的案例，那效果就更好了。

当然，在与孩子说这些事情的时候，家长一定要放低姿态，诚恳地和孩子谈话。如果以一个训斥的态度说教，说自己那么辛苦地工作，孩子还不知道报答等，势必会起到一个相反的效果，让孩子对家长更加反感。

对任何人来说，理解都是和人沟通的桥梁。而高中的孩子因为过多地关注自己，很容易忽视他人的感受，进而给人造成一种不可理喻的感觉。但只要家长多下功夫，言传身教，相信孩子一定能够学会体谅他人，成为一个人见人爱的好学生。

孩子是"优"还是"劣"

任何人身上都有优点与缺点，孩子当然也不例外。家长只有正确地对待孩子的优缺点，才能让孩子朝着一个积极、健康的方向发展。

在与孩子的交往中，家长要善于发现孩子的优点，并给予肯定和鼓励，即使是一些与学习无关的优点也不例外。心理学研究表明，在肯定和鼓励的环境中，人们会变得更加自信，更容易获得进步。这一点，需要家长格外重视。对于孩子的优点，家长可以采取奖励措施来尽力激发它们，无论是物质奖励还是精神奖励，只要能让孩子感到愉悦就行。

致父母的话

高中是孩子变化最快的三年，也是品质和思想定型的三年。家长在这一时期教给孩子的是与非，往往决定着孩子以后的成与败。

生活小案例

李梁和王悦高中毕业后，李梁考上了市重点大学，而王悦却刚刚过普通高校的录取分数线，没能进入自己的理想大学。两家做邻居多年，而且，两个孩子小时候学习差不多，高中三年，是什么造就了他们如此大的差异呢？看看两家的家庭教育，问题就一目了然了。

在对待孩子的教育上，李梁的妈妈那可真是用心良苦。她一直细心观察孩子的表现，及时给孩子提供关键的帮助和引导，让孩子认识到自己是优秀的。

物理课，他提不起一点儿兴趣，一上物理课，就想睡觉，回家做物理作业时，也是一副郁闷的表情。妈妈察觉到后，马上给李梁请来了一个物理家教，帮助孩子摆脱畏惧物理的心理。

李梁很喜欢化学，在家时常常翻着化学书看，时而还自己动手弄几个化学实验。妈妈看到李梁对化学极感兴趣，就鼓励孩子参加化学竞赛。竞赛中，李梁频频获得好名次，他的化学成绩在学校里可以说是首屈一指。

反观王悦的妈妈，对孩子的教育一点儿也不上心，既不知道王悦不喜欢学习理科，更不知道王悦很有音乐天赋。看到孩子理科成绩不好，她只知道一味地批评；对于孩子常常摆弄一些乐器，她更是厌烦不已。结果王悦学习成绩越来越差，特长也没有得到发挥，最终没有考上自己理想的大学。

应对策略

升入高中后，孩子的学习环境发生了很大的改变，周围优秀的学生似乎一下变多了，自己也不再是老师悉心关照的尖子生。面对这种情况，孩子难免会变得心情低落，再加上高中学习压力增大，很多孩子不能适应高中的学习和生活，成绩开始下滑。

生活中，常常会听到有些家长抱怨："孩子上初中时一直是学校里的前几名，可上了高中，成绩怎么就突然变差了？"原因很简单，孩子需要家长的鼓励与帮助，如果家长不能及时解决孩子的问题，那么孩子只能成为"差生"了。

但是，在家庭教育中，鼓励和肯定只是一方面，另一方面，还要教会孩子可观地对待自己身上的缺点。优点需要肯定，缺点则需要纠正。高中是孩子形成各种观念的一个关键时期，身上的很多缺点都会展露无遗。

对于孩子身上的缺点，家长不能用训斥的方法去纠正。要知道，孩子正处于一个逆反时期，而且此时的他们有很强的自尊心，采取粗暴的办法进行教育，只会适得其反。当家长发现孩子的某个缺点时，一定要考虑用委婉的方式，慢慢地帮孩子进行改正。而且对于这些缺点，家长千万不可"盯"住不放，因为很多坏孩子都是这样被"盯"出来的。

上高二的常朋是班里有名的"捣蛋鬼"，他人很机灵，但就是不喜欢学习。上课时，常朋经常和老师"对着干"，总是被老师赶出教室。作业也是迟迟不交，课代表催他，他还振振有词："国家规定要减轻中学生的学习压力，我不写作业是响应国家号召。"为此，老师也没什么好办法，劝也劝过，罚也罚过，可无论老师怎么说，他这"捣蛋"的个性就是改不了……

高中的孩子逆反心理很强，仅靠苦口婆心的教导或是严厉的惩罚是难以让孩子改变的，你越盯着他的缺点，他就越有"成就感"。要改变孩子的缺点，还需要引导孩子多多关注自己的优点，然后让孩子慢慢理解自己的行为是错误的、幼稚的，让孩子在自省中改正自己的缺点。

有一位妈妈教育孩子的方法就非常有效。她在客厅的墙上挂了一张"功过表"，"功过表"一分为二，一面用钢笔记载着孩子的优点和取得的成功，另一面用铅笔记载着孩子的缺点与犯下的错误。当孩子知道错误并改正缺点后，妈妈便擦掉这些"过失"。对于孩子的优点与成功，侧面记录着相应的奖励。"功过表"的上面贴着孩子的照片，当孩子的成功比过失多五个点时，妈妈就会在照片旁贴一颗红星。

过了两个月，这张"功过表"的效用渐渐显露出来。这张表格就像是一种催化剂，让孩子对自己身上的优缺点越来越在意。慢慢地，孩子养成了自省的习惯，他开始发展自己的优点，同时积极主动地改变缺点和错误，每天在不断反省中取得新的成绩。

高中的孩子处于黄金成长期，他们的自我意识和控制力都很低，很容易受到外界的影响。因此，在教育孩子的时候，家长要以鼓励和表扬孩子的优点为主，暗示和纠正孩子的缺点为辅，多给予孩子正面的激励，让孩子学会发扬优点，摒弃缺点。只要家长帮助孩子形成正确的自我反省意识，那么这个孩子一定可以成为一个优秀的人。

心理篇

健康的心态能创造奇迹

在心理学上经常会说的一句话就是：积极做某事的效率要比消极做某事的效率高很多。孩子上了高中之后，接触的知识更广泛了，接触的新鲜事物也多了，甚至接触的人也开始多了，交流的东西不仅仅局限于学习层面。这个时候家长更应经常与孩子交流，了解孩子的真实想法，给予孩子正确积极的建议，培养孩子健康积极的心态，这样孩子无论是在生活中还是在学习中，遇到不顺心的事情便能勇敢独立面对。

高中生在想什么

家长能体会到，孩子自从上了高中后，似乎越来越不听话了，常常对父母的话提出反问。“为什么要这样做？”“这样做行吗？”换句话说，高中生不愿意再做孩子了，他们总想有主见。很多家长不能理解，之前那个听话的孩子到哪里去了？

其实，这正是高中生思维上的变化和成长。高中阶段，孩子的理性思维迅速发展，他们看待问题远比初中时更深、更广也更可观，对许多事物具有了一定的思辨能力，碰上与自己心中冲突的观念，他们就想分出其中的对错；他们对学的新知识，无论是别人的言论还是书上的记载，都会产生一丝怀疑，然后亲自验证。

致父母的话

进入高中的校园后，孩子开始渴望成熟，为此，他们常常用争辩和批判来证明自己长大了。家长如果连孩子这个时候在想什么都琢磨不透，那还怎么引导呢？

生活小案例

有一位老师提起高中生的教育时，不禁感慨道：“现在的高中生真是奇怪，他们也懂得是非，但却常常因为一点小分歧就争得不可开交。更奇怪的是，这种小分歧大多都是一些不着边际的问题，谁对谁错根本不会对他们造成任何影响，可他们却非要争出个结果。”

高中生的求知欲确实旺盛，一名高二的学生说起自己的好奇心时，表现得很兴奋：“从书本上学了一些知识后，我总是迫不及待地想把它们联系到实际生活中去。例如，用数学知识帮爸爸算账，用物理知识在家里搞一些小发明，用地理知识预测天气……”

“有时，书上的知识不灵，我和同学们就在一起讨论，看看书中的观点到底是不是正确。当然，为了证明自己是对的，我们常常争得面红耳赤，甚至是大声争吵起来。但我觉得，这种讨论的过程很有意思，我们每个人都很兴奋，而且乐在其中。”

应对策略

理性思维的发展，让高中生慢慢长大，独立意识也越来越强。孩子成长的同时，犯错也是难免的。在孩子身上仍有一些不成熟的思想，主要体现为下面两种。

1. 批判性

在高中生家长会上，家长们普遍会提出这样一类问题：上了高中以后，孩子的翅膀真是硬了，动不动就和家里人拌嘴，他们还感觉自己挺有理。而且，孩子总是用批判的眼光看待周围的事情，经常说这不对、那不好的，好像没有什么东西能令他们满意。

看着原来乖巧的孩子，一下子变成了愤世嫉俗的青少年，家长们都难以接受。有些家长说：“孩子为什么会出现这种反常的行为？他们像是故意和我们对着干一样。”显然，孩子并不是要和家长作对，而是他们到了这样一个心理年龄，一个充满批判性的心理年龄。

高中阶段孩子的知识水平增加，让他们对自己的判断获得了一定的自信。随着逻辑思维的加强，他们对生活和社会中的很多现象都有了属于自己的了解。于是，孩子就觉得自己长大了，看透了事情的本质。当有人提出不一样的观点时，他们就会激烈地反驳、批判。这其实是高中孩子的正常表现。

家长对待孩子的批判性，要在理解中加以引导。告诉他们要科学、理性地看待周围的事情，就算是他们对了，也不一定非要批判别人的错误。而且事情都没有他们想象中的那么简单，一千个读者眼中有一千个哈姆雷特，别人的想法说不定也有一定的道理。家长可以将自己这方面的经验传授给孩子，让孩子知道一味地批判并不能让别人信服自己。

2. 自我中心

高中生还有一个显著的思维特点，就是自我中心。在孩子心中，他们关注的东西，其他人也一定关注。而高中生最关注的多数都是自己，包括言谈举止、衣饰服装、兴趣爱好，他们也觉得自己是大家关注的中心。所以，孩子对自己生活中的很多细枝末节都非常在意，哪怕是坐在那里，他们也担心自己的坐姿会不会有什么不妥。

在一次课间，老师无意间听到了两个高二的孩子这样的对话。

一个孩子说："明天就要参加演讲比赛了，衣服和演讲稿都准备好了，可是要穿什么鞋子呢？"另一个孩子接道："是啊，我也为这事发愁，而且我还准备了一个帽子，不知道该不该戴上。"

这样一件小事，值得他们这么关注吗？演讲比赛，谁会在乎你穿的什么鞋子，有没有戴帽子。如果家长这样想，那么就和孩子的思想产生了隔阂。在孩子心里，无论是多小的事情，只要放在自己身上，都不能马虎大意，因为别人都在看着他。说得通俗一点，这时的孩子有点"自恋"的倾向。

如果细心一点，家长就会发现，上高中的孩子做事都有一定的表演性，他们已经在心里把所有人都当作自己的"观众"。

孩子以自我为中心的思想是一把"双刃剑"，它给孩子带来自信和快乐的同时，也会让他们变得骄傲自大，进而伤害到与同学们的感情。而且，自我中心倾向严重的孩子，一旦受到重大打击，很可能变得一蹶不振。

家长教育孩子时，要让他们看到自己身上的优缺点，也要多看看其他孩子的优点，让孩子明白"三人行必有我师"，每个人都有值得别人学习的地方，不要以为自己是全世界的中心。同时，还要让孩子学会将心比心，站在别人的角度看待问题，让孩子朝着一个更健康、更全面的方向发展。

多一些赞美，多一些惊喜

赞美和鼓励是孩子成长不可缺失的阳光与雨露。如果家长想培养一位健康、自信、快乐并有主见的孩子，那么就请用心去发现孩子的优点并加以赞美。

少一点责备，多一点赞美，孩子就能在家长的鼓励下向前发展。家长需要仔细观察，孩子一定有许多值得赞美之处还没有被发现，也有许许多多的赞美方式等着去寻找。

致父母的话

孩子都是好的，即便他不小心犯了错误，那也只能说他做了一件错误的事情而已，千万不要因此用一些负面词语去批评他。生活中多一些夸奖，多一些赞美，相信他一定会给你们带来不一样的惊喜。

生活小案例

有一次，与一位担任班主任的朋友聊天，当我们谈到父母的评价对孩子容易造成很大的影响时，她不禁感慨万千，给我讲了这样一件事情：

在我众多的学生当中，有一个学生给我留下的印象非常深刻。那是一个虎头虎脑的男孩，在同龄人之中显得非常健壮，他的学习成绩在整个班里也属于中等偏上水平。原本，我并没有过多地关注他，只是后来他给我带来了许多麻烦。所以，我才发现了他的一些问题。

那天，我正在办公室里整理教案，看见另一个班级的班主任带着一个脸红肿的男孩走了进来。那位班主任直接告诉我："看到没有，你们班的那位'壮士'又冲动了。"

在此之前，虽然我也听说了一些关于那个男孩在学校里的事迹，可是并没有仔细询问过，只知道那个男孩总是特别容易冲动，只要别人一声招呼，他就会毫不犹豫地跟着对方走，无论是打架还是闹事，他根本就不思考，也从来不顾及后果。

从那天起我决定对那个男孩进行说服教育，让他在以后的生活中多一些思考，少一些冲动。可是，当我苦口婆心地说了一大通之后，却发现自己的话语根本没有发挥作用，而且，在我为他做思想工作的时候，男孩一直在嘴里嘟囔着一句话："这是遗传，我和我爸爸是一样的，没办法改变的。"

虽然劝说失败，但是我并没有放弃，而是选择家访，希望能够帮助到男孩，也正是那次家访，我才知道，原来男孩容易冲动的真正原因是他母亲的评价。

在男孩家待的短短一段时间里，我就发现，男孩的父亲果真是一位非常容易冲动的男子，而男孩的母亲则有几句教训儿子的口头禅："你的冲动就跟你父亲一样！""这就是遗传啊，看来这根本改不掉了。"……这样的话语，在短短的几分钟内，那位母亲就重复了不下五次。

找到了原因，接下来的事情就容易了，在我的建议下，那位母亲虽然有些半信半疑，但还是答应了在以后的生活中会注意这些问题。

应对策略

朋友的故事说完了，我却深深地陷入了沉思，她的这个故事让我想起了一个词"标签效应"。美国心理学家贝科尔曾经说过："人们一旦被贴上了某种标签，那么他们就会成为标签所标定的人。"这是否意味着，父母无意识的"评价"在不知不觉中左右了孩子的成长道路?

那么，在日常生活中，父母应当如何引导孩子的成长呢?

1. 让孩子明辨是非

"人非圣贤，孰能无过。"孩子在成长过程中犯一些错误在所难免，这个时候，往往也是最佳的教育时机。父母完全可以趁着这个时机，对孩子进行批评教育，但需要注意的是，批评的应该是针对孩子的错误行为而不是孩子本身。

通过这样的教育，孩子就会明白，自己的行为是错误的，是父母所不提倡的。只要自己不再有这样的行为，就仍然是父母心中的好孩子。也就达到了父母期望的让孩子明辨是非的目的。

2. 不随意对孩子下定语，不贴负面标签

不要随意将懒惰、愚蠢等负面词语用在孩子身上，因为这些负面词语就是负面标签。一旦孩子们像故事中的那个男孩一样在心中认可了这样的评价，那么他们的行为也会向这些方面发展。毕竟对他们来说，自己的这些行为是正常的，是不需要负责的。

曾经有一位妈妈犯了这样的错误。那时候，这位妈妈的朋友们都知道，她的女儿正在读高三，但是却丝毫没有将成绩放在心上，反而每天都是在酗酒、斗殴、逃课……每当大家坐到一起谈到她女儿时，这位妈妈就说："她从小就这样。"

只能说，这位妈妈的女儿在很小的时候就已经被这些负面标签所捆绑，最终踏上了歧途。我想，如果从一开始的时候，这位妈妈就告诉女儿，说她长大之后将会成为一名成功的音乐家，或许，这个女儿将有一个不同的未来。

3. 正面评价孩子，尤其是在他人面前

正面标签带来的效果则与负面标签完全不同，它能够给孩子带来"正能量"，从而鼓励孩子，让孩子有与正面标签一致的表现。

此外，父母还可以利用正面标签来对孩子进行批评教育。比如说，如果父母发现孩子出现了暴力倾向，那么完全可以这样说："孩子，今天我看到你殴打另一个孩子了。说实话，你的这个行为吓了我一跳，要知道，在我心里，你一直是一位能够冷静思考、待人和善的人。"

相信犯了错的孩子会因为你的这番话而平复忐忑不安的心，孩子会觉得父母对自己的正面看法仍然存在，继而会在今后的生活中自觉地约束行为，成为父母所期待的人。

给孩子留一份独立的空间

家长给孩子留一份独立的空间，让他对自己的行为进行反思与改进，就是为孩子留下一份希望；反之，过度地掌控孩子的生活，不仅容易引来孩子的反感，同时也非常容易产生失望的情绪，进而影响到孩子的正常生活、学习。所以，家长应当学会控制自己的情绪，控制自己的爱心泛滥，控制自己的"多管闲事"，让孩子独立自主、健康快乐地成长。

致父母的话

孩子在学习、成长，家长同样也有很多东西需要学习。家长在关心孩子学习成绩的同时，也应当注意对孩子情绪控制的培养，这一方面，更需要家长在日常生活中起到表率作用。

生活小案例

高三的月考成绩出来了，王晓雨的成绩排在年级100名之后。她的母亲站在学校公布的成绩栏前久久没有离开，那里张贴着年级前100名学生的名单。母亲在那张名单上找了很久，最终也只能无奈地接受，女儿的名字没有出现在这个名单上。但是，更让母亲感到气愤的是，成绩栏里有几个同学平时考得都不及晓雨，这次却考进年级前100了。

母亲的心中就像是憋了一团火，看着哪里都觉得不舒服，看着谁都觉得不顺眼。在回家打车的时候，遇到了一辆拒载的出租车，她便朝着远去的出租车大喊大叫。可是，在独自吵闹一会之后，她心中的火气不但没有下降，反而更加旺盛了。

晚上回到家中，母亲以为女儿应当从这次失败中吸取教训，在学习上付出更多精力和时间。没想到，当她打开女儿的房间门时，却发现女儿正坐在电脑前上网。母亲正要冲着女儿发火时，父亲赶紧拦住了她。

父亲又劝了母亲一番，他说，女儿这次没有考好，她心中肯定也非常难过，这个时候就尽量不要再呵斥、指责她了。而且，女儿也已经长大了，他们应当相信女儿的自制力，给她一些自由的空间。最后，母亲总算暂时压住了自己的火气。

可是这天晚上，女儿仿佛故意给母亲添堵似的，她上网的时间比往日里还多一些。终于，母亲再也忍不住了，她冲到女儿的房间里，一把关掉电脑的电源，然后冲着女儿一通大喊，似乎女儿犯了不可饶恕的错一样。而女儿只是低着头，等母亲停下后女儿才小声说："我没有放纵自己，只是我真的还需要一些时间嘛。"

母亲怒气冲冲地离开了，女儿房间的灯一直亮了很久。

当母亲终于平静下来后，她开始为自己的行为感到后悔，女儿的灯一刻未灭，她的心中就增添一份悔恨，可是，后悔药却是谁也买不到的。

应对策略

女儿的成绩不理想，排名落后了。母亲看到的是女儿不以为然、毫不在意的一面，所以痛心疾首、怒火中烧，恨不得冲进女儿的大脑，将她的思想整理、冲洗一次。可是，面对这次的失败，女儿真的就没有当回事吗？女儿的心中难道就没有自己的想法吗？

无可否认的是，孩子已经一天天长大，她早已不是那个懵懂无知、幼稚天真的“跟屁虫”了，她开始有自己的思想，有自己的学习方法，有自己对某个学科、某位老师的喜好，有自己对某件事的分析能力。或者可以说，她已经拥有了与家长平等对话的资格。

可是，在父母的眼中，眼前的孩子仍然是个不谙世事的“顽童”。父母依旧一遍遍地提醒着他们要注意安全，要时刻保持警惕，要和老师、同学和平相处，不要和别人发生争执……除此之外，父母还心甘情愿地打理着他们的日常生活：洗衣、叠被、做饭、洗碗……这些行为家长似乎早已习惯，一切似乎无可厚非。

然而，真的是这样吗？

曾经，读到过这样一则实验：科学家将一只青蛙扔进了煮沸的油锅之中，只见青蛙飞身一跃，从油锅中顺利逃生。

随后，科学家又将一只同样健康、强壮的青蛙放进温水中，然后逐渐加温。只见青蛙在温水中惬意地游着，似乎对此刻更换的环境非常满意。随着水温越来越高，青蛙似乎也意识到了危险，它竭力挣扎，想要逃离，然而，此时它的力气已经不足以逃离了，只好眼睁睁地等待着死亡的降临。

再回头想想，被家长宠溺的孩子是不是也像这只在温水中游泳的青蛙呢？家长无微不至的关怀与呵护，在不知不觉中就断送了孩子独自生活、思考、判断的能力，当孩子在未来的某一天离开家长之后，他会不会痛恨今日的享受，家长又会不会后悔今日的大包大揽？

用积极的心态笑对挫折

一个人如果态度正确，便没有什么能够阻拦他实现自己的目标；如果态度错误，就没有什么能够帮助他。每个人的一生都不可能是一帆风顺的，人生道路上充满了曲折和坎坷，人无法选择也无法改变自己的人生状况，但是可以选择和改变自己的心态。

积极面对，还是消极逃避，不同的选择会决定我们以后的人生道路的不同。心态决定着我们的生活，有什么样的心态就有什么样的人生。所以，要想自己生活得精彩、成功，就应该以积极的心态面对生活，面对顺境和逆境，成功和挫折。

人的一生当中，总会遭遇一些不如意的事情。其实，每件事情都没有最差的情况，就看我们怎么去对待每件事情。这个世界上总会有阴暗面，当阳光从天空照射下来的时候，总会有照不到的地方。如果我们的眼睛只盯在黑暗的地方，抱怨世界的黑暗，那么，我们就只能得到黑暗。

致父母的话

自卑的孩子永远看不到远方，因为他面前的路被乌云笼罩，一片昏暗，毫无希望。

生活小案例

李星原本学习非常好，一直是学校里的前几名。可上了高三以后，由于身体生了点病，加上心里的负担也越来越重，成绩不停地下滑。现在，他的成绩别说在学校里，在班里也退到了十几名。到了后半年，眼看高考越来越近，李星的压力也越来越大，他害怕自己考不好让父母失望，更害怕考不上重点大学，影响到自己的未来。

成绩的下滑让李星变得焦急万分，为了能提高成绩，李星学习更加刻苦。他每天都要学到十一二点才睡觉，第二天早上四五点钟就起床。李星的妈妈看孩子那么辛苦，生怕他把身体累垮了，便劝他说："学习出现问题要慢慢解决，不要强迫自己。只要你尽力了，成绩的好坏我和你爸爸都能接受。"显然，妈妈的劝导李星根本就没听进去。

因为晚上休息不好，白天李星很没精神，有时，站着听课也会打瞌睡。上课时，老师讲的东西记不住，他只能更加"用功"，晚上睡得更晚了。可毕竟听老师讲课比自学的效率要高得多，时间久了，李星的成绩下降得更厉害。

最近一次模拟考试，李星最擅长的数学竟然只考了六十多分。李星看着可怜的分数，差点没哭出来。之后，李星继续埋头苦学，只是话更少了，人也显得更没精神了。李星的妈妈看在眼里、急在心里，她知道李星是因为考试出现问题才这样，想劝李星却又不知道该怎么说。

应对策略

上了高中，孩子面临的困难骤然增多。无论是学习、交往还是家人的期望方面，他们心里的压力都远远高于初中。这一点，住校孩子的体会尤为明显，感觉自己好像突然被丢在了陌生的地方，父母不再过问了一样。

面对种种挫折，如果家长不帮助孩子树立一个健康的心态，孩子则必然会变得忧郁和自卑。这种自卑的心态甚至可能影响他们一生，让他们成为一个悲观主义者，一遇到挫折就会一蹶不振。此时，家长就要多为孩子费点心了。

1. 挖掘孩子的优点

孩子之所以自卑，是因为心理不成熟，遇到挫折后，他们往往会把注意力都放在了自己的缺点上。要改变孩子的心态，就要把他们的优点挖掘出来，让他们看到自己其实也很优秀，而且有希望变得更优秀。

有位老师为了改变学生中一些自卑的孩子，他策划了这样一次班级活动：让这些自卑的学生挨个站在讲台上，让台下的学生每人说出一个他（她）的优点。

这次活动，改变了很多孩子的心态，有个女生站在讲台上，当她听着同学们不停地说着自己的优点时，激动得哭了。等同学们都说完，她给老师和同学们深深地鞠躬道："谢谢老师，谢谢大家！以前，我知道自己学习差、胆子小、脑子又笨，没想到……"说到这里，她禁不住呜咽起来。

老师的这次活动，不仅促进了学生之间的交流，更是让这些自卑的孩子走出了心理阴影，重新找回了信心。这种方法，家长完全可以借用，找出自己孩子的优点，然后时不时地借机夸赞他们的优点。和孩子聊的多了，他们就不会只关注身上的不足，而忽略了身上的优点。

2. 利用榜样，培养孩子乐观的性格

“挫折可以锻炼自己，让自己获得更多成长。”这个道理，我们是怎么得来的？除了一些切身经验外，大部分还是从别人的经历中学来的，特别是成功者的经历。这一点，家长自然也可以用到孩子身上，给孩子买一些励志类的名人书籍，张海迪、开普勒、海伦·凯勒……其实，高中生很崇拜这些名人，只是他们想不到去接触这些人。这时，就需要家长帮忙，给孩子送去精神的学习榜样。

赵超上高中后没多久，妈妈发现他总是叹气，遇到一点事就“唉”个不停，跟一个颓废的老头似的。这一切主要是因为赵超的爸爸，最近他因为工作的烦心事比较多，每次回家，总是唉声叹气的。在爸爸的影响下，赵超每天也是没精打采的，碰到绿豆大的小问题，他就会摇头叹息。

妈妈认为，这样下去对孩子可不好。于是，她买了一本开普勒传记，找了个机会，给孩子讲开普勒所经历的人生。开普勒从小因为得了天花变成了麻子，接着他又得了猩红热病，眼睛烧坏了，但他仍然奋发读书，成绩优异。后来，开普勒还经历了多灾多病、妻子去世、家庭穷苦等无数打击，但他还是竭力研究天文学，最终发现了天体运行的三大定律。

当妈妈给赵超讲这些东西时，赵超听得入迷了，听完故事后，他决心也要和开普勒一样，做个坚强乐观的人。

榜样的力量是无穷的，特别是对孩子来说，他们非常崇拜这些像英雄一样的人物。所以，很愿意向“英雄”学习。只是他们知道得太少，因此，家长给孩子提供学习的榜样是很有必要的。

3. 善待孩子的失败

如果孩子没有做好一件事，家长要学着接受和引导。如果连家长都不能接受，孩子就更不能脱离失败的阴影了。例如孩子考试考砸了，家长就算失望，也要尽量控制自己，减少对孩子的批评，尤其是对那些已经知道错的孩子。

马义今年上高二，因为物理成绩优秀，他被老师选为班里的代表参加学校举办的物理竞赛。为了取得好成绩，马义做足了功课。

到了考试那一天，马义进入考场时，便觉得有些紧张。考卷发下来后，他看着有些陌生的题目更加紧张了，结果发挥失误，最终连卷子都没有做完。

回到家，马义低着头小声地对爸爸说了自己考试失误的事，看着孩子那一副沮丧的表情，爸爸没有责备他，而是轻轻地拍了拍他的肩膀说："一次比赛证明不了什么，只要你以后克服自己怯场的弱点就行了。"听着爸爸的话，马义心里非常感激爸爸能理解自己，后来，马义通过自身的努力也逐渐克服了怯场的弱点。

孩子遇到挫折后，更需要鼓励和安慰。如果这时候家长给孩子打气，不仅可以让孩子获得乐观的心态，而且还可以让家长和孩子的关系更进一步。

"失败是成功之母"，很多孩子只知道这句话，却不能真正理解话中的含义。父母的责任就是教孩子去理解失败与挫折，用乐观的心态去迎接遇到的每一个问题。

虚荣与攀比

可能大多数家长都遇到过这种问题，孩子上了高中以后，攀比心理非常严重，稍微比不过同学，他们就会闹脾气。特别是现在的家庭，因为大多数孩子都是独生子女，从小就被家里人宠着。孩子上了高中，发现周围很多同学都比自己"强"，就想比过人家，最主要的表现就是在穿衣和玩乐上要比别人强。

写给父母的话

虚荣心是一种扭曲的自尊心，它让人变得盲目攀比、好大喜功。高中时期，父母一定要帮孩子铲除虚荣这条毒蛇，免于它侵蚀孩子的心灵。

生活小案例

郑尤的家庭不算富裕，父母都是普通的农民。近年来父母外出打工，挣得一些钱，为了弥补他们常年不在孩子身边的愧疚，父母对郑尤非常娇惯。特别是在用钱上，无论是吃穿，还是玩乐，只要郑尤有要求，父母马上就满足他。

后来，郑尤上了高中。高中的学生有很多都是来自市里，吃、穿、用等各方面自然不会比郑尤差，有一些学生的生活质量甚至远远高于郑尤。郑尤用的手机价格一千多，而有很多学生用的手机价格高达四五千，这让郑尤心里产生了严重的不平衡。

由于在初中时养下了坏毛病，郑尤一心想要和同学攀比，要面子的他竟然直接把自己原来的手机摔了，要求父母打钱，他要换一部好手机。父母虽然觉得郑尤做得有点过火，可出于溺爱，还是答应了他。

但和学生们攀比是没完没了的，你买了好手机，可别人还有平板电脑、数码相机、游戏机……郑尤开始一一问父母要这些东西，渐渐地，郑尤的父母也有些担待不起了。他们苦口婆心地劝郑尤，不要再和同学们攀比了，可郑尤不仅不听，还赌气不再和家人联系了。这可急坏了家人，他们跑到学校里找郑尤，可即使找到他又能怎样呢？孩子还是会继续和同学攀比。对此，郑尤的父母真是一筹莫展。

应对策略

家长们都为此头痛不已，怎样才改变孩子的观念，让他们把主要精力放到学习上呢？我们不妨试试以下几个方法。

1. 体谅孩子的小虚荣

随着我们生活质量的提高，金钱和物质的熏染范围正在逐渐扩散，高中生受到影响也是在所难免的。因为孩子们的家庭背景不同，消费水平有差异，人与人之间便有了攀比之心。

对于孩子的爱慕虚荣的心理，家长应该给予一定的理解，毕竟我们每个人都有虚荣心。而孩子有了虚荣心，恰恰说明他们的心理得到了进一步的成长，希望大家能看到他好的一面，能够认可和赞扬他。而且，很多孩子的虚荣心是因为他们不服输的进取个性。适度的虚荣心用在正确的方向上，可以激发孩子的内在动力，让他们变得更加积极进取。

2. 以身作则，减少虚荣心

跟着谁的背影长起来，孩子的性格就会像谁。对孩子来说，最好的老师无疑是自己的父母。无论孩子在表面上是否和父母亲近，但心里最主要的榜样一定是父母。父母的一言一行都会在他们心里留下烙印，如果父母天天讲究穿名牌，用高档化妆品，孩子耳濡目染，自然也会跟着学。如果家长有炫富心理，认为自己家里的生活条件好了，孩子吃得好、穿得好，自己脸上也有面子，这种想法必然会误导孩子，加重他们的虚荣心。

因此，想要孩子减少虚荣心，父母首先要以身作则，端正自己的心态，不盲目追求物质享受。而且，除了一些重大节日外，家长也应该尽量少给孩子买礼物，平时只给他们买生活必需品就行了。孩子要什么，家长就给什么，这会让他们觉得自己的要求是理所当然的，那么孩子上高中后，攀比心理就会不断膨胀。

3. 改变孩子的攀比心

争强好胜是每个人都有的心理，谁也不想比别人落后或被别人瞧不起。上高中的孩子刚刚有了独立意识，竞争心理强，几乎所有方面他们都想超过同龄人。家长应该紧紧抓住这种心理，施以引导，把孩子攀比的中心由物质转向精神，教给他们要在学习、才能等方面超越别人。

当然，要转变孩子的这种思想很困难，因为只有物质上他们才能够“不劳而获”。生硬的说教是没有用的，充实他们的内心才是关键。例如，可以买一些孩子感兴趣的书籍，或是多多发展他们的爱好与特长。这样，孩子喜欢，大人也轻松。借由他们在自己兴趣上的优势，渐渐教化他们，让他们体会到学习产生的优越感，进而往这方面靠拢。

4. 给孩子更多关爱，消除嫉妒心

高中的孩子因为常常与别人攀比，如果比不过，就会有两种可能，一种是羡慕、崇拜，然后奋力追赶，产生上进心；另一种是感到不安和愤怒，产生嫉妒心理。嫉妒是一种非常不良的心理状态，它往往会让孩子走向偏激的道路。

孩子有了嫉妒心理，家长就要替孩子转化。当孩子嫉妒某个人的时候，就会对那个人产生愤恨，家长要认真观察、了解，在孩子问题多发的年龄段给予足够的关爱，常常鼓励和称赞孩子，让他觉得自己有幸福感。

这样，孩子往往都会变得大度、热情，嫉妒心理慢慢地也就消失了。

高中生拥有虚荣心是正常的，这时，家长同时也要做一名引路人，让孩子放弃物质上的攀比，把虚荣心用在学习和品德上，让虚荣心成为孩子的学习动力，帮助孩子更加健康地成长。

携手并进，直面“叛逆”

叛逆期的孩子容易对周围的一切都产生一种抵触的情绪。尤其是由于平日里父母对孩子的关心过少，孩子自然会在心中产生一种“以前不管我，现在为什么要来管我，你们又凭什么来管我？”的心理。

致父母的话

开始筛选父母观点的孩子，有些叛逆，有些让人头疼。此时的孩子，就像是篮球场上被球员用力扔过来的篮球一样，需要父母后退一步，顺着他前进的方向才能将之轻揽入怀。

生活小案例

高二（3）班有一名男孩，他的父母是普通的工薪阶层，每天总是为了生活早出晚归，回到家后就非常疲惫了，所以两人平日里根本就没有时间陪伴他，甚至许多时候，连男孩的生活都无法照顾周全。

好在男孩还有一个姐姐，在父母的要求下，姐姐承担起了照顾男孩的任务。姐姐非常强势，她对男孩的要求也极为严格，根本不容许男孩有丝毫不同的意见存在。可是，姐姐的“控制”却激起了男孩的逆反心理，他不仅不再顺从姐姐的任何安排，而且还处处与姐姐做对。

姐姐要求男孩好好学习，他就故意不认真听课，而且还在课堂上公然扰乱课堂秩序，后来，他干脆直接逃课，连学校也不去了；姐姐要求男孩行为端正，他就吸烟、喝酒、上网、打架……几乎每一件出风头的事情都干了。

无计可施的姐姐只好将这些情况告诉了父母。母亲苦苦地劝说男孩，父亲甚至动用“家法”狠狠地揍了他一顿，但是，几天之后，男孩又故态萌发，再次做起了那些“坏孩子”才做的事情。

应对策略

案例中的父母同样希望男孩能够“浪子回头”，虽然父母两人采取了截然不同的教育方式，但最终还是失败了。那么，面对叛逆的孩子，父母应当采取怎样的措施呢？

1. 放低姿态，用平等的心态去面对孩子

一般而言，父母都会有一些“家长思想”，也就是希望自己的话能够得到孩子的绝对服从。然而，大多数孩子表现出“叛逆”，只是为了证明自己长大了，他们希望用这种方式让父母知道，他们并不是父母的附属，他们也有着自己的思想、看法，也希望得到他人的尊重。

所以，当孩子有了叛逆的行为后，家长在与孩子进行沟通时，更应当注意语言方式。如果此时父母仍然采用教训式的谈话，如：“你必须……”“从今天开始，必须……”或许孩子不时点头，或许孩子低眉顺眼，或许孩子连声答应，可是，这能算作沟通吗，父母真正了解孩子的内心吗？

那么，此时换一种谈话方式如何？比如说用“就这件事，我觉得……会比较好。”“你觉得……”这样的语气进行交谈，将孩子和父母放在同一层面上进行平等交流，从而让孩子感受到父母对他的尊重，双方就更容易沟通了。

2. 寻找与孩子之间的共同语言

只要拥有共同语言，父母与孩子完全可以成为无话不谈的知心朋友。因此，父母应当多关注一些孩子感兴趣的事情，比如，曾经有一个孩子在学校里做了错事，老师将这件事通知了家长。孩子的父母非常生气，严厉地呵斥了他一顿，但是没过多久，老师又告诉他们，孩子再次犯了同样的错误。

父亲听到这个消息后，当时就恨不得用巴掌给孩子一顿教训，但是母亲拦住了他。母亲经过一番自省后，她认为孩子出了问题，责任在父母的身上，不应当因此而一味地责备孩子。为了找到与孩子之间的共同语言，母亲开始读孩子喜欢的武侠、科幻，开始听最新“天王”的音乐专辑……

孩子看到母亲的这些转变后大吃一惊，当母亲和他一起讨论最新的话题时，他还是兴致勃勃地接过了话头。从那天开始，孩子和父母之间的关系便有所改善，也开始将一些心里话说给父母听，而且，他也改掉了不断犯错的习惯。

3. 强化孩子的责任感

在日常生活中，家长可以适当地选择一些简单的工作，然后将这些工作交给孩子来完成。这样不仅可以提高孩子的动手能力，还能够让孩子在压力中学会承担责任，从而体会到被重视、被认可的幸福。

4. 给孩子适当的空间

两代人之间产生代沟在所难免，因此，家长适当地给予孩子一些空间也是非常必要的。比如说，随着年龄的增长，孩子也会产生自己的审美观，这时父母与孩子在买一些东西时就难免会有分歧，那么该怎么办呢?

一位母亲是这样解决这个问题的，当孩子有需要的东西时，可以向她申请，只要孩子有充足的理由，她就会给孩子需要的钱数，让孩子和小伙伴一起去购买。这位母亲认为，这样做了之后，不仅不会再出现与孩子的争执，还能够锻炼孩子的理财能力，一举两得。

拥抱的力量很伟大

美国埃默里大学一项动物实验发现，触摸和缓解压力之间存在重要关联，特别是在生命的早期。人类也是如此，儿时多拥抱可以使孩子在进入成年之后能更好地应对各种压力。家长的拥抱是与孩子之间最无声的感情交流，一个爱的拥抱力量很伟大。

虽然孩子已经上了高中，但是他依然需要家长的拥抱，在孩子需要拥抱时候，家长应该给予。这个拥抱无关关心，无关希望，无关信念，只是告诉孩子：成长的路上，你不是一个人。

致父母的话

爱，可以有多种表达方式，即便孩子已经长得和你一般高，但是你的拥抱，他仍然需要。

生活小案例

有一段时间里，王阿姨发现女儿的情绪有些消沉，她不知道刚上高二的女儿这是怎么了。要知道，在升高二进行文理分班的时候，王阿姨和老公并没有给女儿过多的压力，她们将这个重大的选择权完全交给了女儿，只是提了一些建议。

莫非，女儿是为了分班后与原先的同学分离而感到不开心吗？王阿姨猜了很久，也没有猜出女儿难过的真正原因，她只好悄悄向女儿的死党打探。经过一番问询之后，王阿姨终于知道了女儿情绪低落的真正原因：女儿失恋了。

一时间，王阿姨的心中既生气又心疼，她为女儿竟然早恋感到生气，又为女儿此时的状况而心疼。但是，究竟该如何处理这个情况，帮助女儿及时走出失恋的困境呢？王阿姨想了很久，也没有想出好办法，只好带着这个问题向心理专家求助。

心理学专家告诉王阿姨，其实中学生会发生早恋的大部分原因，是因为他们心中对异性的好奇以及对异性拥抱的向往。所以，在家庭日常生活中，如果父母能够多给孩子一些拥抱，将自己的爱通过行动表达出来，一般来说，孩子出现早恋的情况就会大为减少。

王阿姨虽然有些怀疑，但还是将心理学专家的这个建议告诉了老公。老公“哈哈”一笑，说：“这有什么难的，小事一桩嘛！”

这天，当女儿回到家的时候，王阿姨老公果真自然地向女儿伸出了双手：“宝贝女儿，来，让爸爸抱抱，看看是不是又吃胖了。”女儿欣喜地接受了，并且亲昵地同父母打闹着，全家人似乎又回到了女儿小的时候。

从那以后，王阿姨和老公给女儿的拥抱越来越多，一家三口外出散步时，女儿也会一边挎一个人的胳膊，走在父母的中间，一家三口其乐融融。而王阿姨也从女儿同学的口中得知，女儿虽然和几名男孩关系很铁，却再也没有发生恋情。

应对策略

曾经有心理学家通过真实案例证明：拥抱可以治疗许多问题儿童的心理疾病。当孩子小的时候，父母所给予的拥抱也很多。孩童时的心是洁净无瑕的，他们能够从父母的拥抱中感到那真诚、浓郁的爱，这种爱容易让他们幼小的心灵感到安全、满足。

虽然孩子在不断成长变化，但是他们心中对来自家庭的爱却没有丝毫减少，他们仍然渴望着父母的关心与在意。然而，许多时候，大多数父母都会因为孩子身体已经发育，逐渐将孩子当作异性或者成年人来看待，也因此而减少了与孩子之间的身体接触以及直白的爱的表达。

其实，拥抱也是家庭关系不可缺少的调和剂。就像夫妻之间一个拥抱，一个亲吻就能够给对方更大的鼓舞力量一样，青春期的孩子也需要明确的爱的表达，他也需要知道："我是家庭中没有被忽略的一员，我同样是被爱的。"

我们的生活就像是一场没有彩排的体验，我们需要各种各样的经历来完成个人人生的圆满及升华，拥抱就是一种爱的体验。当孩子得到父母的拥抱时，他会从内心深处产生一种强烈的归属感，而且，在孩子成长的每一个阶段，拥抱给他带来的感受是不一样的。

一位心理咨询师说他就曾用拥抱成功解决了一对母子的问题。那天，前来咨询的人很少，于是，他拿起身旁的书看了起来，利用这闲暇时间开始"充电"。没过多久，敲门声响起，随后，一位母亲带着儿子走了进来。

心理咨询师一眼就看到了儿子脸上的不情愿和母亲脸上的焦虑之色。通过一番询问之后，他了解了这对母子的问题所在。原来，这是一对来自单亲家庭的母子，母亲单身一人辛辛苦苦、任劳任怨地将孩子养大，她希望通过自己的劳作让孩子享受到更好的教育和生活。

然而，母亲没有想到的是，当她终于有了休息的时间，想趁着这段时间和儿子好好沟通一下的时候，却发现，母子之间根本就无话可说，而且，他们之间似乎出现了只有陌生人之间才会有的距离感。

这个发现让母亲产生了一种无力感，她没有想到，自己辛辛苦苦最终换来的竟是这样的一个结果，无奈之下，她决定前来咨询，希望心理咨询师能够帮助她改变母子关系。儿子在母亲的再三要求下一同来了。

随后，心理咨询师分别同母亲和儿子进行沟通，在准备结束与儿子的谈话时，他问了一句："如果抛开所有的问题不谈，现在你希望自己的母亲如何来对待你呢？"儿子沉默了一会，然后抬头说："我知道母亲很忙，也知道母亲是为了我才这么劳累，所以，我只希望母亲以后能够每天给我一个拥抱，这样我就满足了。"

当心理咨询师将儿子的这个要求讲给这个母亲后，她的眼睛湿润了。随后，在心理咨询师的引导下，母亲非常用心地拥抱了儿子，母子之间仍然没有太多的话语，但是心理咨询师知道，她们之间的距离感已经在这个拥抱之后消失了。

孩子每一天都在成长，他们会希望独立、渴望独立，但这并不意味着他们就不再需要家长的爱和关怀。即便是他已经长得和家长一般高，但他的心中，仍然需要家长的一个拥抱，仍然需要家长的关注与爱。

摒弃盲目跟风，展现自我个性

青春期是个发展和迷茫的时期，处于这一时期的孩子会在生活中不断进行自我探索及定位，然而，受经历与知识的限制，他们在探索过程中常常会感到迷茫，会不知所措。这个时候，家长如果没有适当地引导，孩子会很容易受到周围环境的影响，进而出现盲目跟风的行为。

致父母的话

追求个性与时尚并没有错，但是如果孩子所追求的只是同他人一样，那么家长就需要及时引导了。否则，这种跟风的行为很容易让孩子养成没有主见、人云亦云的性格。

生活小案例

一位担任高三班主任的老师发现，校园里忽然开始流行一种“齐头帘”的发型。这种发型会用头发将整个额头都遮住，发梢处却又剪得齐齐的。因为流行，所以每个女孩都觉得这种发型挺美，于是，似乎在一夜之间，“千树万树梨花开”，班上的女孩都换成了这种发型，大家相互“嘻嘻”一笑，得意非常。

然而，几天后，班主任却发现，这种发型美则美矣，但是对高三的学生来说，却并不适合。由于在额头处留的头发过长、过多，所以往往几天之后，学生的头发就会长到眼睛处，要么扎眼睛，要么就会盖住眼睛，这时，学生就不得不再次前往理发店进行修剪。然而，高三学生的时间是非常紧迫的，所以，这就给学生的生活带来了一些波动：她们往往需要挤出一些时间去理发店。

班主任对这种情况看在眼里，急在心里。爱美之心人皆有之，更何况是这些青春靓丽的少女。难道要用班主任的权威去强行命令她们更改发型吗？如果真这样做了的话，恐怕会引得这些学生反感，到时候不仅不利于学生的学习，反而有可能进一步影响到她们的成绩。到底该怎么办呢？

班主任想了很久，终于想出了一个好主意。她的主意就是：在赞成学生追求的时尚的同时，让每一位学生都争取张扬自己的个性。

随后，班主任同班里的女孩们进行了悄悄地谈话。她告诉她们：“你现在的这个发型的确非常时尚，但是现在这种发型已经非常普遍了，这样也就无法展现出属于你的个性了。不如你去理发店，让理发师根据你的脸型修剪一下，或许，你的新发型能够引领新一轮的‘时尚’呢。”

班主任的这番话果真起了作用，短短几天的时间，班里女生的发型就再一次集体发生了改变：原本齐齐的“头帘”，现在已经开始左右倾斜，或者上下参差了。看着这些个性、时尚的发型，班主任笑了，她知道自己的目的达到了，这些女孩们也终于不用频频造访理发店了。

应对策略

对于各方面正在逐渐成长的高中生来说，他们的这种跟风行为不仅体现在对自己的外表、装扮之上，甚至在生活、学习的其他方面也表现了出来。比如，看到其他同学不做作业，他也开始不将作业放在心上；看到其他同学在上课时间看课外书，他也心动地模仿……

此时，孩子追求的已经不再是时尚了，或许他不会有什么不一样的感觉，他仍然觉得自己和周围的其他同学一样，自己并不是一个另类。可是，我们不得不承认，孩子的行为已经出现了盲从，他只是纯粹地模仿别人，而失去了自己的分析与观点。

或许这是家长与青春期孩子不得不面对的一个难题，如果此时干预孩子的行为，那么叛逆期的孩子会认为你阻碍了他个性的发展，进而与家长出现隔阂，甚至引发争吵；可是，如果对孩子的行为不管不顾，孩子又很有可能会成为一个失去主见、人云亦云的人。

那么，此时家长应当如何是好呢？

如果孩子仅仅是追求时尚，并没有影响到自己的学习，那么家长不妨睁一只眼闭一只眼，听之任之。我们都曾青春，我们都曾年少，那一时期的逆反与张扬我们都曾有过，而且青春活力、个性张扬的孩子，不也同样是家长所希望看到的吗？

如果孩子将绝大部分的精力都放在了追求“时尚”上，甚至已经干扰到了他的学习，那么家长就必须介入了。但是，家长也应当注意自己的介入方式，应当尽量在不引起孩子逆反的前提下逐渐引导孩子的思想。

要做到这一点，首先，家长需要了解孩子的关注点，并且理智地分析出，这股潮流的特色在哪里，如何在这样的潮流中，帮助孩子找到最适合他的那一款“个性”。这样，当家长和孩子谈话时，就能够将分歧降至最低，从而达到最好的效果。

其次，家长的心中应当做好失败的准备。孩子的转变并不是朝夕之间的事情，所以，家长在与孩子谈话的时候，尽量不要让自己改变孩子的目的显示得那么明显，而且心中带着一份失败的准备，不在谈话刚开始的时候就完全否定孩子的行为，也是一种极为理智的谈判方式。

家长关心孩子，关注孩子的追求，在时尚的道路上结合孩子的特点，能够及时给孩子最合理的建议，这才能有效地帮助孩子。

心浮气躁，如何沉淀

高中生内心都有一团压不住的“火”，它就是心浮气躁。遇到点不顺心的小事情小则容易发脾气，容易心情低落，大则容易动粗打架。

孩子的生活和学习想要顺利前行，父母就要帮孩子浇灭这把“火”，还孩子一个安宁的心理世界。

致父母的话

作为父母一定要有双善于观察的眼睛，当发现孩子心浮气躁的时候，父母一定不要直接指责孩子内心的浮躁，而是转移孩子的注意力，说点趣事呀，谈论谈论某个他喜欢的明星呀，或者是跟孩子一起打打游戏，等等，没有年龄差距地与孩子交流。

生活小案例

案例1：

卢蒙上高中后，做事失去了专注和耐性，事情总是做到一半就去干别的了。除此之外，他还患上了失眠症，晚上睡不着，白天没精神。据卢蒙的妈妈说，孩子以前从来没有出现过这种情况。后来，老师也反应，卢蒙上课常常开小差，玩弄个小玩意儿什么的，不知道他是怎么想的。

看着孩子的状态越来越差，妈妈只好带着卢蒙去看心理医生。到了心理诊所，她才知道，原来很多孩子都出现了类似的情况。

有个家长说：“以前，我儿子挺老实的。可才上高中没几天，他好像突然变得好动起来。一开始，我还没有在意。过了几个月，这种情况越来越严重了。现在，他竟然常常欺负比自己年龄小的孩子。每次回家，他总是到处翻弄、找东西，把家里弄得一团糟。我儿子到底是怎么了？为什么会变化这么大？”

案例2：

小枫上高三时成绩还非常好，妈妈常常和别人夸耀说，女儿的学习成绩一直是学校里的前几名，考上重点大学一点儿问题都没有。因为家里人对她寄予了厚望，小枫心里渐渐背上了一个沉重的包袱，就是自己一定要考上重点大学。

于是，每次考试前，小枫的心里就安静不下来。因为不能复习好，加上高三班里有一些复读生，小枫的考试名次下降了不少。妈妈看到成绩后，虽然没有说她，但表情显然对她很失望，小枫的心理压力更大了。

后来，这种情况越来越严重，每逢考试，小枫就会变得紧张兮兮，抱着书本却一点儿也看不下去。在考场上的发挥也频频失误，成绩直接滑落到班里的中等水平。

到了高三下半年，黑板上写下了高考倒计时。看着高考一天天临近，小枫心中的焦躁和不安也在一天天加剧，这样下去，别说重点高中，可能什么大学都考不上。小枫觉得她都快崩溃了。

应对策略

有焦虑症的高中生以高一和高三的孩子居多。高一是因为进入了新环境，孩子不知道该怎么和新老师、新同学相处，也不知道怎样安排自己的生活，这种对新环境的恐惧很容易让孩子产生焦虑感。高三则是因为压力过大，面临高考这个人生的第一个小转折，孩子们没有足够的信心应付，焦虑就会随之出现。

孩子出现焦虑症状，如果家长不能及时帮其缓解，会直接影响到孩子的学习和生活。因此，怎样帮孩子克服焦躁，是家长的一个必修课。

1. 教给孩子相关的知识，让他们正确对待负面情绪

高中生处于生长发育期，很多生理现象都可能导致孩子出现紧张、不安、恐惧的情绪。而且高中的学习压力增加，一次次的考试压力更会加重这种负面情绪。如果任凭这种情绪发展，孩子就会患上严重的焦虑症。

所以，孩子上了高中后，家长要多多注意孩子心理和身体的变化，把青少年该懂得生理知识教给他们。家长可以给孩子买这类书，也可以直接给他们讲解，让孩子懂得这些变化是正常的。孩子懂得了这些知识，心中的烦恼便会减少很多。

2. 鼓励孩子宣泄心中的不安

缓解负面情绪的一个好方法，就是把它宣泄出来。家长要以朋友的身份鼓励孩子多和别人聊天，不要把问题闷在心里，有了烦恼可以和家人说，可以跟朋友说，也可以对老师说。总之，孩子只要把烦恼告诉了别人，心中的苦闷就会减轻很多。

如果孩子实在不想说，家长还可以告诉他用运动、旅游、大声哭喊等方法，通过一种激进的举动，把心中的不良情绪发泄出去，具体情况还要看孩子的选择。只要能找到适合的宣泄方式，焦虑必然能得到缓解。

3. 教给孩子学会自我放松

焦躁的人通常都会失去冷静，思想随着情绪走，导致焦躁迅速加重。因此，家长要教给孩子，让他们学着随时让自己保持冷静。想要保持冷静就要学会放松，放松是和焦虑完全相反的一种情绪。当人完全放松下来时，心中就不可能再出现焦躁。

自我放松的方法有很多种，其中最常用的有深呼吸法和想象联想法。深呼吸法是平静人心态的利器，当你遇到令自己心烦的突发情况时，深深地吸一口气，然后嘴呈小“O”型，缓缓地把气呼出来，反复几次，心情就能平复下来。想象联想法是帮人缓解忧愁的另一个好方法，当人心情低落时，不妨暂时把让自己烦恼的事放一边，多想想让自己舒心的事，例如，以前看过的开心故事或温馨电影，等心情转好了再处理原来的事情，你可能就会有不一样的收获。让孩子学会这些自我放松的方法，不仅可以帮他们解决生活中遇到的烦恼，还可以让他们获得进一步的成长。

除此之外，家长还可以让孩子多听听音乐、散散步，也能减轻焦躁。如果孩子有兴趣的话，还可以让孩子通过写字、画画、下棋等休闲运动，练就平稳的情绪。

4. 培养孩子的自理能力

孩子有了自理能力，遇到困难时他们更多是想着如何自己解决。这样一来，孩子的抗压能力会大大增加。升入高中后，家长应注意培养孩子的独立自主的能力，首先是生活上，洗衣、做饭、买东西等生活琐事都要让孩子自己来；其次是社会交往上，鼓励孩子独自去看望老师、亲戚等。这两方面教育好的话，孩子就有了长大的感觉，一般的压力也能轻松承受了。

5. 把成绩看淡一些

面对考试，孩子们或多或少都会有一些焦躁的症状。学习差的怕挨训，学习好的怕失误。家长越在意成绩，越可能使孩子产生惧考心理。身为家长，有望子成龙、望女成凤的心情是可以理解的，但如果不考虑孩子的心理负担，一味地在成绩上要求他们，造成孩子身陷焦虑之中，就得不偿失了。

孩子的成绩只是他们近一段时间的学习总结，考差了，可能是因为孩子贪玩，但也可能是失误，或是一些心理原因。家长要找到根本原因，然后心平气和地去解决才是正确的做法。

高中生很容易产生焦躁心理，家长一定要有足够的细心和耐心，找出孩子出现焦躁的根本原因，然后消除它们，引导孩子回归到正常的生活和学习之中。

让孩子拒绝自卑

自卑的人总是感叹命运不济，看着别人的时候，总是都好；审视自己的时候，总是很糟。其实不必这样，人和人都一样，你也有一片风景，也有空气，也有阳光，也有寒来暑往，甚至有别人未曾拥有的一朵小花，一阵虫鸣……

自卑就像是一道锁链，将那些被此困扰的孩子牢牢地禁锢在内心深处，让孩子始终将目光盯在自己的不足之上，从而对周围的一切都失去兴趣，进而对未来产生绝望。因此，当孩子开始抱怨自己某一点不如他人时，家长应及时对孩子的优点进行鼓励，帮助孩子抗拒自卑的束缚。

致父母的话

只有使孩子自卑的心灵自信起来，弯曲的身躯才能挺直；只有使孩子懦弱的体魄健壮起来，束缚的脚步才能迈开；只有使孩子狭隘的心胸开阔起来，短视的眼光才能放远；只有使孩子愚昧的头脑聪明起来，愚昧的幻想才能抛弃。培养孩子对自卑说不。

生活小案例

自从女儿升入高中之后，妈妈就觉得女儿发生了一些改变。起初的几天里，妈妈以为是女儿刚刚换了学习环境，身旁没有熟悉的朋友陪伴所导致的，也就没有过多在意。可是，一个月过去之后，妈妈发现女儿沉默的时间越来越多，妈妈意识到有些不对劲了。

妈妈知道，文笔一向不错的女儿从很早开始就有了写日记的习惯，她想先通过日记了解女儿心中真正的想法，然后再决定是否需要采取措施以及采取怎样的措施。好在女儿像往常一样，将日记本留在了家里。

抬头看看表，离女儿回家还有一些时间，妈妈便坐下来，打开了眼前的日记本。

“初中的时候，我一直都是老师眼中的骄子，同学羡慕的对象。我也一直以为，自己就是全世界的公主，理应受到他人的重视与关注。可是，升入高中后，我才发现，原来自己的成绩也不过一般般而已，原来我也不过就是一个笨孩子。”

“今天后排的那个女孩穿了一条白色的连衣裙，看着她圆圆的脸上那甜甜的笑容，我觉得，她才是一位真正的公主。再看看自己有些发粗的小腿，就算是妈妈也买一条这样的裙子给我，恐怕我也穿不出这样美丽的感觉吧？”

“今天晚上，老师说要大家来个才艺表演，劳逸结合嘛。可是，眼看着周围的同学一个个上台唱歌、跳舞、表演单口相声，我却不知道自己会什么。我真的好失败，身旁的同学们每个人都比我要出色的多。”

……

妈妈没有再接着看了，不是时间不够，而是她已经找到了女儿身上存在的真正毛病：自卑。妈妈猜测，这和女儿在初中时期一直名列前茅、备受瞩目有关。升入高中后，女儿身旁的学习环境发生了巨大的变动，身旁的同学也都是从各所中学挑选出来的精英学生，这样一来，女儿身上的优点就不是那么出色了，也难怪她会表现出一些不适应。

不过现在很明显，女儿的这种不适应已经开始向自卑发展了，妈妈知道，自己必须做一些事情来提高女儿的信心，让女儿从这种只关注自身弱点的状态中走出来，否则的话，不仅女儿三年后的高考没有希望，恐怕就连女儿的生活也会大受影响。

下定决心之后，妈妈又同爸爸商议了一番，才最终定下了方案。他们决定，在家中多与女儿进行一些沟通，在这沟通中，多多对女儿的优点进行夸奖；同时，也让女儿多多参与到家庭劳动中，在这劳动中开导女儿，让女儿的心情渐渐开朗起来。

爸爸妈妈的努力果然没有白费，一段时间之后，女儿果然从低落的情绪中走了出来，她又开始像曾经那样，每天笑脸不断，整个人都洋溢着青春的气息，而且学习成绩也渐渐开始上升了。

应对策略

高中期的孩子正处于自我完善以及自我评价的阶段，这一阶段的孩子对于身旁人的评价、看法往往更为在意，这些在意虽然能够帮助孩子在生活、学习中不断完善自己，让自己不断成长。但是，如果孩子在这关注的过程中，过于在意自己的弱点，那么就会在无形中将这些弱点放大，进而陷入自卑的陷阱中。

所以，如何帮助孩子正确看待自己，以及当孩子出现自卑情绪时，家长又应当如何应对，就成了家庭生活中不可缺少的一环。

1. 人无完人，正视弱点

常言道：“金无足赤，人无完人”。对于崇尚偶像的青少年来说，他们更像是一群理想主义者，每个人都希望自己能够像偶像那样完美无瑕。所以，家长需要做的是让孩子明白，在现实生活中，完美是不存在的，而更多的时候，我们要欣赏的是源自世界的、真实的、残缺的美。

家长只有帮助孩子，让他意识到，自己追求的完美是根本不存在的、是虚幻的、是无法实现的，孩子才能够将目光返回到生活之中，才能够在经历过挫折之后成熟起来。孩子也只有在能够正视自己的弱点之后，才能够真正明白“人无完人”的含义。

2. 找明缘由，针锋相对

一般而言，高中生会出现自卑的原因不外乎以下三个：成绩不好、家境不好、外貌不好。

在以成绩论高下的学校里，每一次考试结束之后，孩子都会将自己的成绩与其他同学进行比对，考得好当然欣喜，考得不好就会感觉自己不如他人。而且，如果孩子的成绩长期处于中下游水平而没有长进，那么自卑的情绪就很容易产生了。

此外，虽然在高中时代，崇尚物质生活的风气不是很强，但是当不同家境的孩子走到一起时，家境不好的孩子便能够感觉到两者之间那截然不同的气质与行为。他们羡慕别人鼓囊囊的钱包，他们羡慕别人那帅气逼人的名牌，看看别人，再回首看看自己，往往孩子的卑微便是从此刻的失落开始的。

高中生正处在青春期，更在意异性的看法，而外貌对他们来说，同样在生活中占据着不可忽视的地位。很多时候，额头长了痘痘，个头比较矮小，身体不够丰满，这些都能够成为他们觉得低人一等的理由。

所以，当家长发现孩子情绪低落，有自卑的征兆时，不妨从这三个方面出手，找到让孩子感觉自卑的真正原因，然后再进行针对性的沟通以及引导，便能够帮助孩子早日从这自卑的情绪中走出来。

除了进行针对性地劝解、开导，在日常生活中，让孩子多多参与到帮助他人的活动中，也能够锻炼、培养孩子的性格，同时还能够让孩子在帮助他人之后获得正面的评价，进一步提升孩子的自信心，从而让孩子的帮助旅程形成一个良性循环，让孩子的成长既快乐又有益。

相信孩子，他能行

强者未必是胜利者，而胜利最终是属于有信心的人。换句话说，你若仅仅接受最好的，你最后得到的常常也就是最好的，只要你有自信。一个人胜任一件事，85%取决于态度，15%取决于智力，所以，一个人的成败取决于他是否自信，假如这个人是自卑的，那自卑就会扼杀他的聪明才智，消磨他的意志。

致父母的话

高考没过，奋斗不息。在每一位高中生的心底都绷着一根弦，这根弦催着他努力学习，竭力奋进。此时，家长应当相信孩子，相信他在为自己而拼搏，相信他一定能行！

生活小案例

儿子升入高中后，在高一的第一次家长会上，一位热心的家长提议到，由她建立一个家长群，以后大家可以在一起讨论孩子身上发生的一些事情，也顺便交流对孩子的教育心得。大家听了后，纷纷表示赞同，都加入了这个家长群中。

在孩子上高一、高二的这段时间里，家长群更像是一个打发时间的聊天群，随着孩子升入高三，家长群忽然就热闹了起来，大家纷纷发言，讨论着要如何照顾孩子，如何鼓励孩子，才不会让孩子在紧张的学习中营养不良，不会让孩子缺乏进取心。

一位妈妈说，原本在孩子高一、高二的时候，她还让孩子帮着做一些家务，但是自从孩子升入高三后，她不仅做家务时不再喊孩子，而且还会及时将孩子换下来的脏衣服清洗干净，然后整理好。

除了这些转变外，每天吃过饭后，妈妈就会对孩子说："孩子，你现在读得是重点中学，努力一把，争取考上重点大学吧。"

说到这里，这位妈妈问道："我这么做有什么不对么？"大家纷纷回复，认为这位妈妈并没有出错的地方。

这位妈妈又接着说："就在今天早上，当我鼓励孩子时，孩子却突然和我争吵起来。他说我要求太高了，太不容易满足了。他还说，当初我要求他考重点中学，现在又要求我考重点大学，他已经没有属于自己的生活了。我不知道他究竟是怎么了，难道我鼓励他也不对吗？"

应对策略

很明显，这位妈妈并没有认识到自己的错误在哪里。其实在每一位高中生的心底都绷着一根弦，这根弦催着他努力学习，竭力奋进。在经历过中考的选拔之后，每一个成功进入重点中学的学生都已经明白了升学的残酷。

他们会在心中不断提醒自己，高考就是千军万马过独木桥，如果不努力，那么自己就将被远远地甩在他人之后。年轻气盛、血气方刚的他们，心中自有一股不服输，只要这不服输的信念存在，他们就会自发地学习、前进。

案例中的妈妈的确为孩子提供了一个良好的学习环境，可是，在这样的安排下，孩子每一天的时间都被学习所占据，完全没有了休闲、放松的时间。这对青春期叛逆、渴望自由的孩子来说，显然是最不能忍受，所以，孩子与妈妈之间会爆发争吵也就是再正常不过的事情了。

那么，对家长来说，究竟应当如何对待孩子呢?

1. 平常心对待高考

高考的重要性毋庸置疑，然而，对孩子的一生来说，高考也不过是其中的一个阶段而已。此外，家长也可以从自己的经历中发现，高考对未来的幸福生活并没有太大的影响。想想我们曾经经历的高考，想想有多少人现在的生活还与当年的成绩相关?

如果家长能够想通这一点，用平常心去对待高考，把高考当作日常的总结考试来对待，那么不仅能够缓解孩子身上的压力，也不会使得家中气氛过于紧张，反而更有利于孩子的心情与成长。

2. 对孩子说：我们相信你

青春期的孩子个性张扬，他们希望得到他人的关注与赞扬。如果连父母都无法信任他，那么他还能赢得谁的信任呢?

此外，即便家长有再多不舍，也不得不承认，在人生路上，有许多事情，孩子终究只能自己去抗，有许多道路，孩子终究还是得靠自己走过。

所以，选择相信自己的孩子吧。相信他会找到属于自己的时间表，相信他能够妥善安排生活与学习，相信他的心中有着强烈的进取意识。

3. 正确应对孩子的失误

考试也像战争，“胜败乃兵家常事”，并不是所有的考试都能够获得高分，所以，孩子偶尔的失误家长也应当正确应对。

当孩子在考试中发挥失常，成绩不理想时，孩子自己也是难过的。所以，当家长看到孩子的考试成绩后，不能一味批评、指责，应当柔声安慰，帮助孩子找出失误的原因，为孩子以后的考试积累经验。

分数可以肯定孩子这一段时间的努力，但是，分数不应该成为父母评价孩子的唯一标准。要知道，孩子有一天也会离开校园，踏入社会，那时，他更需要的是如何适应周围环境的变化，他更需要学会生存。

所以，给孩子一些自由的空间，让他在学习的过程中懂得取舍，懂得生活；给孩子一些信任，少一些唠叨，让他在自省中进步。